WIT-RUSSISCH
WOORDENSCHAT

THEMATISCHE WOORDENLIJST

NEDERLANDS WIT-RUSSISCH

De meest bruikbare woorden
Om uw woordenschat uit te breiden en
uw taalvaardigheid aan te scherpen

5000 woorden

Thematische woordenschat Nederlands-Wit-Russisch - 5000 woorden
Door Andrey Taranov

Woordenlijsten van T&P Books zijn bedoeld om u woorden van een vreemde taal te helpen leren, onthouden, en bestudering. Dit woordenboek is ingedeeld in thema's en behandelt alle belangrijk terreinen van het dagelijkse leven, bedrijven, wetenschap, cultuur, etc.

Het proces van het leren van woorden met behulp van de op thema's gebaseerde aanpak van T&P Books biedt u de volgende voordelen:

- Correct gegroepeerde informatie is bepalend voor succes bij opeenvolgende stadia van het leren van woorden
- De beschikbaarheid van woorden die van dezelfde stam zijn maakt het mogelijk om woordgroepen te onthouden (in plaats van losse woorden)
- Kleine groepen van woorden faciliteren het proces van het aanmaken van associatieve verbindingen, die nodig zijn bij het consolideren van de woordenschat
- Het niveau van talenkennis kan worden ingeschat door het aantal geleerde woorden

Copyright © 2015 T&P Books Publishing

Alle rechten voorbehouden. Niets uit deze uitgave mag worden verveelvoudigd, opgeslagen in een geautomatiseerd gegevensbestand en/of openbaar gemaakt in enige vorm of op enige wijze, hetzij elektronisch, mechanisch, door fotokopieën, opnamen of op enige andere manier zonder voorafgaande schriftelijke toestemming van de uitgever. U mag dit boek niet verspreiden in welk formaat dan ook.

T&P Books Publishing
www.tpbooks.com

ISBN: 978-1-78492-337-2

Dit boek is ook beschikbaar in e-boek formaat.
Gelieve www.tpbooks.com te bezoeken of de belangrijkste online boekwinkels.

WIT-RUSSISCHE WOORDENSCHAT
nieuwe woorden leren

T&P Books woordenlijsten zijn bedoeld om u te helpen vreemde woorden te leren, te onthouden, en te bestuderen. De woordenschat bevat meer dan 5000 veel gebruikte woorden die thematisch geordend zijn.

- De woordenlijst bevat de meest gebruikte woorden
- Aanbevolen als aanvulling bij welke taalcursus dan ook
- Voldoet aan de behoeften van de beginnende en gevorderde student in vreemde talen
- Geschikt voor dagelijks gebruik, bestudering en zelftestactiviteiten
- Maakt het mogelijk om uw woordenschat te evalueren

Bijzondere kenmerken van de woordenschat

- De woorden zijn gerangschikt naar hun betekenis, niet volgens alfabet
- De woorden worden weergegeven in drie kolommen om bestudering en zelftesten te vergemakkelijken
- Woorden in groepen worden verdeeld in kleine blokken om het leerproces te vergemakkelijken
- De woordenschat biedt een handige en eenvoudige beschrijving van elk buitenlands woord

De woordenschat bevat 155 onderwerpen zoals:

Basisconcepten, getallen, kleuren, maanden, seizoenen, meeteenheden, kleding en accessoires, eten & voeding, restaurant, familieleden, verwanten, karakter, gevoelens, emoties, ziekten, stad, dorp, bezienswaardigheden, winkelen, geld, huis, thuis, kantoor, werken op kantoor, import & export, marketing, werk zoeken, sport, onderwijs, computer, internet, gereedschap, natuur, landen, nationaliteiten en meer ...

INHOUDSOPGAVE

Uitspraakgids	9
Afkortingen	11

BASISBEGRIPPEN	13
Basisbegrippen Deel 1	13
1. Voornaamwoorden	13
2. Begroetingen. Begroetingen. Afscheid	13
3. Hoe aan te spreken	14
4. Kardinale getallen. Deel 1	14
5. Kardinale getallen. Deel 2	15
6. Ordinale getallen	16
7. Getallen. Breuken	16
8. Getallen. Eenvoudige berekeningen	16
9. Getallen. Diversen	16
10. De belangrijkste werkwoorden. Deel 1	17
11. De belangrijkste werkwoorden. Deel 2	18
12. De belangrijkste werkwoorden. Deel 3	19
13. De belangrijkste werkwoorden. Deel 4	20
14. Kleuren	21
15. Vragen	21
16. Voorzetsels	22
17. Functiewoorden. Bijwoorden. Deel 1	22
18. Functiewoorden. Bijwoorden. Deel 2	24

Basisbegrippen Deel 2	26
19. Dagen van de week	26
20. Uren. Dag en nacht	26
21. Maanden. Seizoenen	27
22. Meeteenheden	29
23. Containers	30

MENS	31
Mens. Het lichaam	31
24. Hoofd	31
25. Menselijk lichaam	32

Kleding en accessoires	33
26. Bovenkleding. Jassen	33
27. Heren & dames kleding	33

28. Kleding. Ondergoed 34
29. Hoofddeksels 34
30. Schoeisel 34
31. Persoonlijke accessoires 35
32. Kleding. Diversen 35
33. Persoonlijke verzorging. Schoonheidsmiddelen 36
34. Horloges. Klokken 37

Voedsel. Voeding 38

35. Voedsel 38
36. Drankjes 39
37. Groenten 40
38. Vruchten. Noten 41
39. Brood. Snoep 42
40. Bereide gerechten 42
41. Kruiden 43
42. Maaltijden 44
43. Tafelschikking 45
44. Restaurant 45

Familie, verwanten en vrienden 46

45. Persoonlijke informatie. Formulieren 46
46. Familieleden. Verwanten 46

Geneeskunde 48

47. Ziekten 48
48. Symptomen. Behandelingen. Deel 1 49
49. Symptomen. Behandelingen. Deel 2 50
50. Symptomen. Behandelingen. Deel 3 51
51. Artsen 52
52. Geneeskunde. Medicijnen. Accessoires 52

HET MENSELIJKE LEEFGEBIED 53
Stad 53

53. Stad. Het leven in de stad 53
54. Stedelijke instellingen 54
55. Borden 55
56. Stedelijk vervoer 56
57. Bezienswaardigheden 57
58. Winkelen 58
59. Geld 59
60. Post. Postkantoor 60

Woning. Huis. Thuis 61

61. Huis. Elektriciteit 61

62. Villa. Herenhuis	61
63. Appartement	61
64. Meubels. Interieur	62
65. Beddengoed	63
66. Keuken	63
67. Badkamer	64
68. Huishoudelijke apparaten	65

MENSELIJKE ACTIVITEITEN	66
Baan. Business. Deel 1	66
69. Kantoor. Op kantoor werken	66
70. Bedrijfsprocessen. Deel 1	67
71. Bedrijfsprocessen. Deel 2	68
72. Productie. Werken	69
73. Contract. Overeenstemming.	70
74. Import & Export	71
75. Financiën	71
76. Marketing	72
77. Reclame	72
78. Bankieren	73
79. Telefoon. Telefoongesprek	74
80. Mobiele telefoon	74
81. Schrijfbehoeften	75
82. Soorten bedrijven	75

Baan. Business. Deel 2	78
83. Show. Tentoonstelling	78
84. Wetenschap. Onderzoek. Wetenschappers	79

Beroepen en ambachten	80
85. Zoeken naar werk. Ontslag	80
86. Zakenmensen	80
87. Dienstverlenende beroepen	81
88. Militaire beroepen en rangen	82
89. Ambtenaren. Priesters	83
90. Agrarische beroepen	83
91. Kunst beroepen	84
92. Verschillende beroepen	84
93. Beroepen. Sociale status	86

Onderwijs	87
94. School	87
95. Hogeschool. Universiteit	88
96. Wetenschappen. Disciplines	89
97. Schrift. Spelling	89
98. Vreemde talen	90

Rusten. Entertainment. Reizen 92

99. Trip. Reizen 92
100. Hotel 92

TECHNISCHE APPARATUUR. VERVOER 94
Technische apparatuur 94

101. Computer 94
102. Internet. E-mail 95
103. Elektriciteit 96
104. Gereedschappen 96

Vervoer 99

105. Vliegtuig 99
106. Trein 100
107. Schip 101
108. Vliegveld 102

Gebeurtenissen in het leven 104

109. Vakanties. Evenement 104
110. Begrafenissen. Begrafenis 105
111. Oorlog. Soldaten 105
112. Oorlog. Militaire acties. Deel 1 106
113. Oorlog. Militaire acties. Deel 2 108
114. Wapens 109
115. Oude mensen 111
116. Middeleeuwen 111
117. Leider. Baas. Autoriteiten 113
118. De wet overtreden. Criminelen. Deel 1 114
119. De wet overtreden. Criminelen. Deel 2 115
120. Politie. Wet. Deel 1 116
121. Politie. Wet. Deel 2 117

NATUUR 119
De Aarde. Deel 1 119

122. De kosmische ruimte 119
123. De Aarde 120
124. Windrichtingen 121
125. Zee. Oceaan 121
126. Namen van zeeën en oceanen 122
127. Bergen 123
128. Bergen namen 124
129. Rivieren 124
130. Namen van rivieren 125
131. Bos 125
132. Natuurlijke hulpbronnen 126

7

De Aarde. Deel 2 128

133. Weer 128
134. Zwaar weer. Natuurrampen 129

Fauna 130

135. Zoogdieren. Roofdieren 130
136. Wilde dieren 130
137. Huisdieren 131
138. Vogels 132
139. Vis. Zeedieren 134
140. Amfibieën. Reptielen 134
141. Insecten 135

Flora 136

142. Bomen 136
143. Heesters 136
144. Vruchten. Bessen 137
145. Bloemen. Planten 137
146. Granen, graankorrels 139

LANDEN. NATIONALITEITEN 140

147. West-Europa 140
148. Centraal- en Oost-Europa 140
149. Voormalige USSR landen 141
150. Azië 141
151. Noord-Amerika 142
152. Midden- en Zuid-Amerika 142
153. Afrika 143
154. Australië. Oceanië 143
155. Steden 143

UITSPRAAKGIDS

Letter	Wit-Russisch voorbeeld	T&P fonetisch alfabet	Nederlands voorbeeld
А а	Англія	[a]	acht
Б б	бульба	[b]	hebben
В в	вечар	[v]	beloven, schrijven
Г г	галава	[ɣ]	Nederlands in Nederland - gaat, negen
Д д	дзіця	[d]	Dank u, honderd
Дж дж	джаз	[dʒ]	jeans, jungle
Е е	метр	[ɛ]	elf, zwembad
Ё ё	вясёлы	[jɔː], [ɜː]	yoga, Joods
Ж ж	жыццё	[ʒ]	journalist, rouge
З з	заўтра	[z]	zeven, zesde
І і	нізкі	[i]	bidden, tint
Й й	англійскі	[j]	New York, januari
К к	красавік	[k]	kennen, kleur
Л л	лінія	[l]	delen, luchter
М м	камень	[m]	morgen, etmaal
Н н	Новы год	[n]	nemen, zonder
О о	опера	[ɔ]	aankomst, bot
П п	піва	[p]	parallel, kopei
Р р	морква	[r]	roepen, breken
С с	соль	[s]	spreken, kosten
Т т	трус	[t]	tomaat, taart
У у	ізумруд	[u]	hoed, doe
Ў ў	каўбаса	[w]	twee, willen
Ф ф	футра	[f]	feestdag, informeren
Х х	захад	[h]	het, herhalen
Ц ц	цэнтр	[ts]	niets, plaats
Ч ч	пачатак	[tʃ]	Tsjechië, cello
Ш ш	штодня	[ʃ]	shampoo, machine
Ь ь	попельніца	[ʲ]	zachte teken - duidt aan dat de voorafgaande medeklinker zacht wordt uitgesproken
Ы ы	рыжы	[ɪ]	iemand, die
'	сузор'е	[ˮ]	harde teken - duidt aan dat de voorafgaande medeklinker hard wordt uitgesproken
Э э	Грэцыя	[ɛ]	elf, zwembad
Ю ю	плюс	[ju]	jullie, aquarium
Я я	трусяня	[ja]	signaal, Spanjaard

Letter	Wit-Russisch voorbeeld	T&P fonetisch alfabet	Nederlands voorbeeld

Lettercombinaties

дз	дзень	[dz]	zeldzaam
дзь	лебедзь	[dźz]	jeans, bougie
дж	джаз	[dʒ]	jeans, jungle

Combinaties met het zachte teken (Ь ь)

зь	сувязь	[ź]	origineel, regime
ль	вугаль	[ʎ]	biljet, morille
нь	верасень	[ɲ]	cognac, nieuw
сь	Беларусь	[ɕ]	Chicago, jasje
ць	сыкаць	[tɕ]	cappuccino, Engels - 'cheese'

AFKORTINGEN
gebruikt in de woordenschat

Nederlandse afkortingen

mann.	-	mannelijk
vrouw.	-	vrouwelijk
mv.	-	meervoud
on.ww.	-	onovergankelijk werkwoord
ov.ww.	-	overgankelijk werkwoord
bn	-	bijvoeglijk naamwoord
bw	-	bijwoord
abn	-	als bijvoeglijk naamwoord
bijv.	-	bijvoorbeeld
enz.	-	enzovoort
wisk.	-	wiskunde
enk.	-	enkelvoud
ov.	-	over
mil.	-	militair
vn	-	voornaamwoord
telb.	-	telbaar
form.	-	formele taal
ontelb.	-	ontelbaar
inform.	-	informele taal
vw	-	voegwoord
vz	-	voorzetsel
ww	-	werkwoord

Nederlandse artikelen

de	-	gemeenschappelijk geslacht
het	-	onzijdig
de/het	-	onzijdig, gemeenschappelijk geslacht

Wit-Russische afkortingen

м	-	mannelijk zelfstandig naamwoord
ж	-	vrouwelijk zelfstandig naamwoord
н	-	onzijdig
м мн	-	mannelijk meervoud
ж мн	-	vrouwelijk meervoud

T&P Books. Thematische woordenschat Nederlands-Wit-Russisch - 5000 woorden

н мн	-	onzijdig meervoud
мн	-	meervoud
м, ж	-	mannelijk, vrouwelijk

BASISBEGRIPPEN

Basisbegrippen Deel 1

1. Voornaamwoorden

ik	я	[ja]
jij, je	ты	[tɪ]
hij	ён	[ɜn]
zij, ze	яна	[ja'na]
het	яно	[ja'nɔ]
wij, we	мы	[mɪ]
jullie	вы	[vɪ]
zij, ze	яны	[ja'nɪ]

2. Begroetingen. Begroetingen. Afscheid

Hallo! Dag!	Вітаю!	[wi'taju]
Hallo!	Вітаю вас!	[wi'taju vas]
Goedemorgen!	Добрай раніцы!	['dɔbraj 'ranitsɪ]
Goedemiddag!	Добры дзень!	['dɔbrɪ 'dzɛɲ]
Goedenavond!	Добры вечар!	['dɔbrɪ 'wɛtʃar]
gedag zeggen (groeten)	вітацца	[wi'tatsa]
Hoi!	Прывітанне!	[prɪwi'taɲɛ]
groeten (het)	прывітанне (н)	[prɪwi'taɲɛ]
verwelkomen (ww)	вітаць	[wi'tatsʲ]
Hoe gaat het?	Як маецеся?	[jak 'maɛtsɛsʲa]
Is er nog nieuws?	Што новага?	[ʃtɔ 'nɔvaɣa]
Dag! Tot ziens!	Да пабачэння!	[da paba'tʃɛɲja]
Tot snel! Tot ziens!	Да хуткай сустрэчы!	[da 'hutkaj sust'rɛtʃɪ]
Vaarwel! (inform.)	Бывай!	[bɪ'vaj]
Vaarwel! (form.)	Бывайце!	[bɪ'vajtsɛ]
afscheid nemen (ww)	развітвацца	[razʲ'witvatsa]
Tot kijk!	Пакуль!	[pa'kuʎ]
Dank u!	Дзякуй!	['dzʲakuj]
Dank u wel!	Вялікі дзякуй!	[vʲa'liki 'dzʲakuj]
Graag gedaan	Калі ласка.	[kali'laska]
Geen dank!	Не варта падзякі	[ɲa 'varta pa'dzʲaki]
Geen moeite.	Няма за што.	[ɲa'ma za ʃtɔ]
Excuseer me, ... (inform.)	Прабач!	[pra'batʃ]
Excuseer me, ... (form.)	Прабачце!	[pra'batʃtsɛ]

excuseren (verontschuldigen)	прабачаць	[praba'tʃats]
zich verontschuldigen	прасіць прабачэння	[pra'sits praba'tʃɛnja]
Mijn excuses.	Прашу прабачэння	[pra'ʃu praba'tʃɛnja]
Het spijt me!	Выбачайце!	[vıba'tʃajtsɛ]
vergeven (ww)	выбачаць	[vıba'tʃats]
alsjeblieft	калі ласка	[kali'laska]
Vergeet het niet!	Не забудзьце!	[nɛ za'butsɛ]
Natuurlijk!	Вядома!	[vʲa'dɔma]
Natuurlijk niet!	Вядома, не!	[vʲa'dɔma 'nɛ]
Akkoord!	Згодзен!	['zɣɔdzɛn]
Zo is het genoeg!	Хопіць!	['hɔpits]

3. Hoe aan te spreken

meneer	Спадар	[spa'dar]
mevrouw	Спадарыня	[spa'darıɲa]
juffrouw	Спадарыня	[spa'darıɲa]
jongeman	Малады чалавек	[mala'dı tʃala'wɛk]
jongen	Хлопчык	['hlɔptʃık]
meisje	Дзяўчынка	[dzʲau'tʃıŋka]

4. Kardinale getallen. Deel 1

nul	нуль (м)	[nuʎ]
een	адзін	[a'dzin]
twee	два	[dva]
drie	тры	[trı]
vier	чатыры	[tʃa'tırı]
vijf	пяць	[pʲats]
zes	шэсць	[ʃɛsʲts]
zeven	сем	[sɛm]
acht	восем	['vɔsɛm]
negen	дзевяць	['dzɛvʲats]
tien	дзесяць	['dzɛsʲats]
elf	адзінаццаць	[adzi'natsats]
twaalf	дванаццаць	[dva'natsats]
dertien	трынаццаць	[trı'natsats]
veertien	чатырнаццаць	[tʃatır'natsats]
vijftien	пятнаццаць	[pʲat'natsats]
zestien	шаснаццаць	[ʃas'natsats]
zeventien	семнаццаць	[sʲam'natsats]
achttien	васемнаццаць	[vasʲam'natsats]
negentien	дзевятнаццаць	[dzɛvʲat'natsats]
twintig	дваццаць	['dvatsats]
eenentwintig	дваццаць адзін	['dvatsats a'dzin]
tweeëntwintig	дваццаць два	['dvatsats 'dva]
drieëntwintig	дваццаць тры	['dvatsats 'trı]

T&P Books. Thematische woordenschat Nederlands-Wit-Russisch - 5000 woorden

dertig	трыццаць	['trɪtsats]
eenendertig	трыццаць адзін	['trɪtsats a'dzin]
tweeëndertig	трыццаць два	['trɪtsats 'dva]
drieëndertig	трыццаць тры	['trɪtsats 'trɪ]

veertig	сорак	['sɔrak]
eenenveertig	сорак адзін	['sɔrak a'dzin]
tweeënveertig	сорак два	['sɔrak 'dva]
drieënveertig	сорак тры	['sɔrak 'trɪ]

vijftig	пяцьдзесят	[pʲaddzʲa'sʲat]
eenenvijftig	пяцьдзесят адзін	[pʲaddzʲa'sʲat a'dzin]
tweeënvijftig	пяцьдзесят два	[pʲaddzʲa'sʲat 'dva]
drieënvijftig	пяцьдзесят тры	[pʲaddzʲa'sʲat 'trɪ]

zestig	шэсцьдзесят	['ʃɛzʲdzɛsʲat]
eenenzestig	шэсцьдзесят адзін	['ʃɛzʲdzɛsʲat a'dzin]
tweeënzestig	шэсцьдзесят два	['ʃɛzʲdzɛsʲat 'dva]
drieënzestig	шэсцьдзесят тры	['ʃɛzʲdzɛsʲat 'trɪ]

zeventig	семдзесят	['sɛmdzɛsʲat]
eenenzeventig	семдзесят адзін	['sɛmdzɛsʲat a'dzin]
tweeënzeventig	семдзесят два	['sɛmdzɛsʲat 'dva]
drieënzeventig	семдзесят тры	['sɛmdzɛsʲat 'trɪ]

tachtig	восемдзесят	['vɔsɛmdzɛsʲat]
eenentachtig	восемдзесят адзін	['vɔsɛmdzɛsʲat a'dzin]
tweeëntachtig	восемдзесят два	['vɔsɛmdzɛsʲat 'dva]
drieëntachtig	восемдзесят тры	['vɔsɛmdzɛsʲat 'trɪ]

negentig	дзевяноста	[dzɛvʲa'nɔsta]
eenennegentig	дзевяноста адзін	[dzɛvʲa'nɔsta a'dzin]
twooönnogontig	дзевяноста два	[dzɛvʲa'nɔsta 'dva]
drieënnegentig	дзевяноста тры	[dzɛvʲa'nɔsta 'trɪ]

5. Kardinale getallen. Deel 2

honderd	сто	[stɔ]
tweehonderd	дзвесце	['dzʲwɛsʲtsɛ]
driehonderd	трыста	['trɪsta]
vierhonderd	чатырыста	[tʃa'tɪrɪsta]
vijfhonderd	пяцьсот	[pʲats'sɔt]
zeshonderd	шэсцьсот	[ʃɛsʲts'sɔt]
zevenhonderd	семсот	[sɛm'sɔt]
achthonderd	восемсот	[vɔsɛm'sɔt]
negenhonderd	дзевяцьсот	[dzɛvʲats'sɔt]

duizend	тысяча	['tɪsʲatʃa]
tweeduizend	дзве тысячы	['dzʲwɛ 'tɪsʲatʃɪ]
drieduizend	тры тысячы	['trɪ 'tɪsʲatʃɪ]
tienduizend	дзесяць тысяч	['dzɛsʲatsʲ 'tɪsʲatʃ]
honderdduizend	сто тысяч	[stɔ 'tɪsʲatʃ]
miljoen (het)	мільён (м)	[mi'ʎjɔn]
miljard (het)	мільярд (м)	[mi'ʎjart]

6. Ordinale getallen

eerste (bn)	першы	[ˈpɛrʃɨ]
tweede (bn)	другі	[druˈɣi]
derde (bn)	трэці	[ˈtrɛtsi]
vierde (bn)	чацвёрты	[ʧatsˈwɜrtɨ]
vijfde (bn)	пяты	[ˈpʲatɨ]
zesde (bn)	шосты	[ˈʃostɨ]
zevende (bn)	сёмы	[ˈsɜmɨ]
achtste (bn)	восьмы	[ˈvɔsʲmɨ]
negende (bn)	дзевяты	[dzʲaˈvʲatɨ]
tiende (bn)	дзесяты	[dzʲaˈsʲatɨ]

7. Getallen. Breuken

breukgetal (het)	дроб (м)	[drɔp]
half	адна другая	[adˈna druˈɣaja]
een derde	адна трэцяя	[adˈna ˈtrɛtsʲaja]
kwart	адна чацвёртая	[adˈna ʧatsˈwɜrtaja]
een achtste	адна восьмая	[adˈna ˈvɔsʲmaja]
een tiende	адна дзесятая	[adˈna dzʲaˈsʲataja]
twee derde	дзве трэція	[ˈdzʲwɛ ˈtrɛtsija]
driekwart	тры чацвёртыя	[ˈtrɨ ʧatsˈwɜrtɨja]

8. Getallen. Eenvoudige berekeningen

aftrekking (de)	адніманне (н)	[adniˈmaŋɛ]
aftrekken (ww)	аднімаць	[adniˈmatsʲ]
deling (de)	дзяленне (н)	[dzʲaˈlɛŋɛ]
delen (ww)	дзяліць	[dzʲaˈlits]
optelling (de)	складанне (н)	[sklaˈdaŋɛ]
erbij optellen	скласці	[ˈsklasʲtsi]
(bij elkaar voegen)		
optellen (ww)	прыбаўляць	[prɨbauˈʎatsʲ]
vermenigvuldiging (de)	множанне (н)	[ˈmnɔʒaŋɛ]
vermenigvuldigen (ww)	памнажаць	[pamnaˈʒatsʲ]

9. Getallen. Diversen

cijfer (het)	лічба (ж)	[ˈlidʒba]
nummer (het)	лік (м)	[lik]
telwoord (het)	лічэбнік (м)	[liˈʧɛbnik]
minteken (het)	мінус (м)	[ˈminus]
plusteken (het)	плюс (м)	[plys]
formule (de)	формула (ж)	[ˈfɔrmula]
berekening (de)	вылічэнне (н)	[vɨliˈʧɛŋɛ]

tellen (ww)	лічыць	[li'tʃɪts]
bijrekenen (ww)	падлічваць	[pad'litʃvats]
vergelijken (ww)	параўноўваць	[parau'nɔuvats]

Hoeveel?	Колькі?	['kɔʎki]
som (de), totaal (het)	сума (ж)	['suma]
uitkomst (de)	вынік (м)	['vɪnik]
rest (de)	астача (ж)	[as'tatʃa]

enkele (bijv. ~ minuten)	некалькі	['nɛkaʎki]
weinig (bw)	трохі	['trɔhi]
restant (het)	астатняе (н)	[as'tatɲaɛ]
anderhalf	паўтара	[pauta'ra]
dozijn (het)	тузін (м)	['tuzin]

middendoor (bw)	напалову	[napa'lɔvu]
even (bw)	пароўну	[pa'rɔunu]
helft (de)	палова (ж)	[pa'lɔva]
keer (de)	раз (м)	[ras]

10. De belangrijkste werkwoorden. Deel 1

aanbevelen (ww)	рэкамендаваць	[rɛkamɛnda'vats]
aandringen (ww)	настойваць	[nas'tɔjvats]
aankomen (per auto, enz.)	прыязджаць	[prɪjaʒ'dʒats]
aanraken (ww)	кранаць	[kra'nats]
adviseren (ww)	раіць	['raits]

afdalen (on.ww.)	спускацца	[spus'katsa]
afslaan (naar rechts ~)	паварочваць	[pava'rɔtʃvats]
antwoorden (ww)	адказваць	[at'kazvats]
bang zijn (ww)	баяцца	[ba'jatsa]
bedreigen (bijv. met een pistool)	пагражаць	[paɣra'ʒats]

bedriegen (ww)	падманваць	[pad'manvats]
beëindigen (ww)	заканчваць	[za'kantʃvats]
beginnen (ww)	пачынаць	[patʃɪ'nats]
begrijpen (ww)	разумець	[razu'mɛts]
beheren (managen)	кіраваць	[kira'vats]

beledigen (met scheldwoorden)	абражаць	[abra'ʒats]
beloven (ww)	абяцаць	[abʲa'tsats]
bereiden (koken)	гатаваць	[ɣata'vats]
bespreken (spreken over)	абмяркоўваць	[abmʲar'kɔuvats]

bestellen (eten ~)	заказваць	[za'kazvats]
bestraffen (een stout kind ~)	караць	[ka'rats]
betalen (ww)	плаціць	[pla'tsits]
betekenen (beduiden)	азначаць	[azna'tʃats]
betreuren (ww)	шкадаваць	[ʃkada'vats]
bevallen (prettig vinden)	падабацца	[pada'batsa]
bevelen (mil.)	загадваць	[za'ɣadvats]

17

bevrijden (stad, enz.)	вызваляць	[vɪzva'ʎatsʲ]
bewaren (ww)	захоўваць	[za'houvatsʲ]
bezitten (ww)	валодаць	[va'lɔdatsʲ]

bidden (praten met God)	маліцца	[ma'litsa]
binnengaan (een kamer ~)	уваходзіць	[uva'hɔdzitsʲ]
breken (ww)	ламаць	[la'matsʲ]
controleren (ww)	кантраляваць	[kantraʎa'vatsʲ]
creëren (ww)	стварыць	[stva'rɪtsʲ]

deelnemen (ww)	удзельнічаць	[u'dzɛʎnitʃatsʲ]
denken (ww)	думаць	['dumatsʲ]
doden (ww)	забіваць	[zabi'vatsʲ]
doen (ww)	рабіць	[ra'bitsʲ]
dorst hebben (ww)	хацець піць	[ha'tsɛtsʲ 'pitsʲ]

11. De belangrijkste werkwoorden. Deel 2

een hint geven	намякаць	[namʲa'katsʲ]
eisen (met klem vragen)	патрабаваць	[patraba'vatsʲ]
existeren (bestaan)	існаваць	[isna'vatsʲ]
gaan (te voet)	ісці	[isʲ'tsi]

gaan zitten (ww)	садзіцца	[sa'dzitsa]
gaan zwemmen	купацца	[ku'patsa]
geven (ww)	даваць	[da'vatsʲ]
glimlachen (ww)	усміхацца	[usʲmi'hatsa]
goed raden (ww)	адгадаць	[adɣa'datsʲ]

| grappen maken (ww) | жартаваць | [ʒarta'vatsʲ] |
| graven (ww) | капаць | [ka'patsʲ] |

hebben (ww)	мець	[mɛtsʲ]
helpen (ww)	дапамагаць	[dapama'ɣatsʲ]
herhalen (opnieuw zeggen)	паўтараць	[pauta'ratsʲ]
honger hebben (ww)	хацець есці	[ha'tsɛtsʲ 'ɛsʲtsi]

hopen (ww)	спадзявацца	[spadzʲa'vatsa]
horen (waarnemen met het oor)	чуць	[tʃutsʲ]
huilen (wenen)	плакаць	['plakatsʲ]
huren (huis, kamer)	наймаць	[naj'matsʲ]
informeren (informatie geven)	інфармаваць	[infarma'vatsʲ]

instemmen (akkoord gaan)	згаджацца	[zɣa'dʒatsa]
jagen (ww)	паляваць	[paʎa'vatsʲ]
kennen (kennis hebben van iemand)	ведаць	['wɛdatsʲ]
kiezen (ww)	выбіраць	[vɪbi'ratsʲ]
klagen (ww)	скардзіцца	['skardzitsa]

kosten (ww)	каштаваць	[kaʃta'vatsʲ]
kunnen (ww)	магчы	[mah'tʃɪ]
lachen (ww)	смяяцца	[sʲmʲa'jatsa]

| laten vallen (ww) | упускаць | [upus'kats] |
| lezen (ww) | чытаць | [tʃɪ'tats] |

liefhebben (ww)	кахаць	[ka'hats]
lunchen (ww)	абедаць	[a'bɛdats]
nemen (ww)	браць	[brats]
nodig zijn (ww)	патрабавацца	[patraba'vatsa]

12. De belangrijkste werkwoorden. Deel 3

onderschatten (ww)	недаацэньваць	[nɛda:'tsɛɲvats]
ondertekenen (ww)	падпісваць	[pat'pisvats]
ontbijten (ww)	снедаць	['sʲnɛdats]
openen (ww)	адчыняць	[atʃɪ'ɲats]
ophouden (ww)	спыняць	[spɪ'ɲats]
opmerken (zien)	заўважаць	[zauva'ʒats]

opscheppen (ww)	выхваляцца	[vɪhva'ʎatsa]
opschrijven (ww)	запісваць	[za'pisvats]
plannen (ww)	планаваць	[plana'vats]
prefereren (verkiezen)	аддаваць перавагу	[adda'vats pɛra'vaɣu]
proberen (trachten)	спрабаваць	[spraba'vats]
redden (ww)	ратаваць	[rata'vats]

rekenen op ...	разлічваць на ...	[razʲ'litʃvats na]
rennen (ww)	бегчы	['bɛhtʃɪ]
reserveren (een hotelkamer ~)	рэзерваваць	[rɛzɛrva'vats]
roepen (om hulp)	клікаць	['klikats]

| schieten (ww) | страляць | [stra'ʎats] |
| schreeuwen (ww) | крычаць | [krɪ'tʃats] |

schrijven (ww)	пісаць	[pi'sats]
souperen (ww)	вячэраць	[vʲa'tʃɛrats]
spelen (kinderen)	гуляць	[ɣu'ʎats]
spreken (ww)	гаварыць	[ɣava'rɪts]

| stelen (ww) | красці | ['krasʲtsi] |
| stoppen (pauzeren) | спыняцца | [spɪ'ɲatsa] |

studeren (Nederlands ~)	вывучаць	[vɪvu'tʃats]
sturen (zenden)	адпраўляць	[atprau'ʎats]
tellen (optellen)	лічыць	[li'tʃɪts]
toebehoren ...	належаць	[na'lɛʒats]

| toestaan (ww) | дазваляць | [dazva'ʎats] |
| tonen (ww) | паказваць | [pa'kazvats] |

twijfelen (onzeker zijn)	сумнявацца	[sumɲa'vatsa]
uitgaan (ww)	выходзіць	[vɪ'hodzits]
uitnodigen (ww)	запрашаць	[zapra'ʃats]
uitspreken (ww)	вымаўляць	[vɪmau'ʎats]
uitvaren tegen (ww)	лаяць	['lajats]

13. De belangrijkste werkwoorden. Deel 4

vallen (ww)	падаць	['padats]
vangen (ww)	лавіць	[la'wits]
veranderen (anders maken)	змяніць	[zʲmʲa'nits]
verbaasd zijn (ww)	здзіўляцца	[zʲdziu'ʎatsa]
verbergen (ww)	хаваць	[ha'vats]
verdedigen (je land ~)	абараняць	[abara'ɲats]
verenigen (ww)	аб'ядноўваць	[abʰjad'nɔuvats]
vergelijken (ww)	параўноўваць	[parau'nɔuvats]
vergeten (ww)	забываць	[zabɪ'vats]
vergeven (ww)	выбачаць	[vɪba'tʃats]
verklaren (uitleggen)	тлумачыць	[tlu'matʃɪts]
verkopen (per stuk ~)	прадаваць	[prada'vats]
vermelden (praten over)	згадваць	['zɣadvats]
versieren (decoreren)	упрыгожваць	[uprɪ'ɣɔʒvats]
vertalen (ww)	перакладаць	[pɛrakla'dats]
vertrouwen (ww)	давяраць	[davʲa'rats]
vervolgen (ww)	працягваць	[pra'tsʲaɣvats]
verwarren (met elkaar ~)	блытаць	['blɪtats]
verzoeken (ww)	прасіць	[pra'sits]
verzuimen (school, enz.)	прапускаць	[prapus'kats]
vinden (ww)	знаходзіць	[zna'hɔdzits]
vliegen (ww)	ляцець	[ʎa'tsɛts]
volgen (ww)	накіроўвацца	[naki'rɔuvatsa]
voorstellen (ww)	прапаноўваць	[prapa'nɔuvats]
voorzien (verwachten)	прадбачыць	[prad'batʃɪts]
vragen (ww)	пытаць	[pɪ'tats]
waarnemen (ww)	назіраць	[nazi'rats]
waarschuwen (ww)	папярэджваць	[papʲa'rɛdʒvats]
wachten (ww)	чакаць	[tʃa'kats]
weerspreken (ww)	пярэчыць	[pʲa'rɛtʃɪts]
weigeren (ww)	адмаўляцца	[admau'ʎatsa]
werken (ww)	працаваць	[pratsa'vats]
weten (ww)	ведаць	['wɛdats]
willen (verlangen)	хацець	[ha'tsɛts]
zeggen (ww)	сказаць	[ska'zats]
zich haasten (ww)	спяшацца	[sʲpʲa'ʃatsa]
zich interesseren voor ...	цікавіцца	[tsi'kawitsa]
zich vergissen (ww)	памыляцца	[pamɪ'ʎatsa]
zich verontschuldigen	прасіць прабачэння	[pra'sits praba'tʃɛnja]
zien (ww)	бачыць	['batʃɪts]
zijn (ww)	быць	[bɪts]
zoeken (ww)	шукаць	[ʃu'kats]
zwemmen (ww)	плаваць	['plavats]
zwijgen (ww)	маўчаць	[mau'tʃats]

14. Kleuren

kleur (de)	колер (м)	['kɔlɛr]
tint (de)	адценне (н)	[a'tsɛŋɛ]
kleurnuance (de)	тон (м)	[tɔn]
regenboog (de)	вясёлка (ж)	[vʲa'sɜlka]
wit (bn)	белы	['bɛlı]
zwart (bn)	чорны	['ʧɔrnı]
grijs (bn)	шэры	['ʃɛrı]
groen (bn)	зялёны	[zʲa'lɜnı]
geel (bn)	жоўты	['ʒɔutı]
rood (bn)	чырвоны	[ʧır'vɔnı]
blauw (bn)	сіні	['sini]
lichtblauw (bn)	блакітны	[bla'kitnı]
roze (bn)	ружовы	[ru'ʒɔvı]
oranje (bn)	аранжавы	[a'ranʒavı]
violet (bn)	фіялетавы	[fija'lɛtavı]
bruin (bn)	карычневы	[ka'rıʧnɛvı]
goud (bn)	залаты	[zala'tı]
zilverkleurig (bn)	серабрысты	[sɛrab'rıstı]
beige (bn)	бэжавы	['bɛʒavı]
roomkleurig (bn)	крэмавы	['krɛmavı]
turkoois (bn)	бірузовы	[biru'zɔvı]
kersrood (bn)	вішнёвы	[wiʃ'nɜvı]
lila (bn)	лілoвы	[li'lɔvı]
karmijnrood (bn)	малінавы	[ma'linavı]
licht (bn)	светлы	['sʲwɛtlı]
donker (bn)	цёмны	['tsɜmnı]
fel (bn)	яркі	['jarki]
kleur-, kleurig (bn)	каляровы	[kaʎa'rɔvı]
kleuren- (abn)	каляровы	[kaʎa'rɔvı]
zwart-wit (bn)	чорна-белы	['ʧɔrna 'bɛlı]
eenkleurig (bn)	аднакаляровы	[adnakaʎa'rɔvı]
veelkleurig (bn)	рознакаляровы	[rɔznakaʎa'rɔvı]

15. Vragen

Wie?	Хто?	[htɔ]
Wat?	Што?	[ʃtɔ]
Waar?	Дзе?	[dzɛ]
Waarheen?	Куды?	[ku'dı]
Waar ... vandaan?	Адкуль?	[at'kuʎ]
Wanneer?	Калі?	[ka'li]
Waarom?	Навошта?	[na'vɔʃta]
Waarom?	Чаму?	[ʧa'mu]
Waarvoor dan ook?	Для чаго?	[dʎa ʧa'ɣɔ]

Hoe?	Як?	[jak]
Wat voor ...?	Які?	[ja'ki]
Welk?	Каторы?	[ka'tɔrɪ]
Aan wie?	Каму?	[ka'mu]
Over wie?	Пра каго?	[pra ka'ɣɔ]
Waarover?	Пра што?	[pra 'ʃtɔ]
Met wie?	З кім?	[s kim]
Hoeveel?	Колькі?	['kɔʎki]
Van wie? (mann.)	Чый?	[ʧɪj]

16. Voorzetsels

met (bijv. ~ beleg)	з	[z]
zonder (~ accent)	без	[bɛs]
naar (in de richting van)	у	[u]
over (praten ~)	аб	[ap]
voor (in tijd)	перад	['pɛrat]
voor (aan de voorkant)	перад	['pɛrat]
onder (lager dan)	пад	[pat]
boven (hoger dan)	над	[nat]
op (bovenop)	на	[na]
van (uit, afkomstig van)	з	[z]
van (gemaakt van)	з	[z]
over (bijv. ~ een uur)	праз	[pras]
over (over de bovenkant)	праз	[pras]

17. Functiewoorden. Bijwoorden. Deel 1

Waar?	Дзе?	[dzɛ]
hier (bw)	тут	[tut]
daar (bw)	там	[tam]
ergens (bw)	дзесьці	['dzɛsʲtsi]
nergens (bw)	нідзе	[ni'dzɛ]
bij ... (in de buurt)	ля ...	[ʎa]
bij het raam	ля акна	[ʎa ak'na]
Waarheen?	Куды?	[ku'dɪ]
hierheen (bw)	сюды	[sy'dɪ]
daarheen (bw)	туды	[tu'dɪ]
hiervandaan (bw)	адсюль	[a'tsyʎ]
daarvandaan (bw)	адтуль	[at'tuʎ]
dichtbij (bw)	блізка	['bliska]
ver (bw)	далёка	[da'lɜka]
in de buurt (van ...)	каля	[ka'ʎa]
vlakbij (bw)	побач	['pɔbaʧ]

niet ver (bw)	недалёка	[nɛda'lɜka]
linker (bn)	левы	['lɛvɪ]
links (bw)	злева	['zʲlɛva]
linksaf, naar links (bw)	налева	[na'lɛva]
rechter (bn)	правы	['pravɪ]
rechts (bw)	справа	['sprava]
rechtsaf, naar rechts (bw)	направа	[nap'rava]
vooraan (bw)	спераду	['sʲpɛradu]
voorste (bn)	пярэдні	[pʲa'rɛdni]
vooruit (bw)	наперад	[na'pɛrat]
achter (bw)	ззаду	['zzadu]
van achteren (bw)	ззаду	['zzadu]
achteruit (naar achteren)	назад	[na'zat]
midden (het)	сярэдзіна (ж)	[sʲa'rɛdzina]
in het midden (bw)	пасярэдзіне	[pasʲa'rɛdzinɛ]
opzij (bw)	збоку	['zbɔku]
overal (bw)	усюды	[u'sydɪ]
omheen (bw)	навакол	[nava'kɔl]
binnenuit (bw)	знутры	[znut'rɪ]
naar ergens (bw)	кудысьці	[ku'dɪsʲtsi]
rechtdoor (bw)	наўпрост	[naup'rɔst]
terug (bijv. ~ komen)	назад	[na'zat]
ergens vandaan (bw)	адкуль-небудзь	[at'kuʎ 'nɛbuts]
ergens vandaan (en dit geld moet ~ komen)	аднекуль	[ad'nɛkuʎ]
ten eerste (bw)	па-першае	[pa 'pɛrʃaɛ]
ten tweede (bw)	па-другое	[pa dru'ɣɔɛ]
ten derde (bw)	па-трэцяе	[pa 'trɛtsʲaɛ]
plotseling (bw)	раптам	['raptam]
in het begin (bw)	напачатку	[napa'tʃatku]
voor de eerste keer (bw)	упершыню	[upɛrʃɪ'ny]
lang voor ... (bw)	задоўга да ...	[za'dɔuɣa da]
opnieuw (bw)	нанава	['nanava]
voor eeuwig (bw)	назусім	[nazu'sim]
nooit (bw)	ніколі	[ni'kɔli]
weer (bw)	зноўку	['znɔuku]
nu (bw)	цяпер	[tsʲa'pɛr]
vaak (bw)	часта	['tʃasta]
toen (bw)	тады	[ta'dɪ]
urgent (bw)	тэрмінова	[tɛrmi'nɔva]
meestal (bw)	звычайна	[zvɪ'tʃajna]
trouwens, ... (tussen haakjes)	дарэчы	[da'rɛtʃɪ]
mogelijk (bw)	магчыма	[mah'tʃɪma]
waarschijnlijk (bw)	напэўна	[na'pɛuna]

misschien (bw)	мабыць	['mabɪts]
trouwens (bw)	акрамя таго, ...	[akra'mʲa ta'ɣɔ]
daarom ...	таму	[ta'mu]
in weerwil van ...	нягледзячы на ...	[ɲaɣ'lɛdzʲatʃɪ na]
dankzij ...	дзякуючы ...	['dzʲakujutʃɪ]

wat (vn)	што	[ʃtɔ]
dat (vw)	што	[ʃtɔ]
iets (vn)	нешта	['nɛʃta]
iets	што-небудзь	[ʃtɔ'nɛbuts]
niets (vn)	нічога	[ni'tʃɔɣa]

wie (~ is daar?)	хто	[htɔ]
iemand (een onbekende)	хтосьці	['htɔsʲtsi]
iemand (een bepaald persoon)	хто-небудзь	[htɔ'nɛbuts]

niemand (vn)	ніхто	[nih'tɔ]
nergens (bw)	нікуды	[ni'kudɪ]
niemands (bn)	нічый	[ni'tʃɪj]
iemands (bn)	чый-небудзь	[tʃɪj'nɛbuts]

zo (Ik ben ~ blij)	так	[tak]
ook (evenals)	таксама	[tak'sama]
alsook (eveneens)	таксама	[tak'sama]

18. Functiewoorden. Bijwoorden. Deel 2

Waarom?	Чаму?	[tʃa'mu]
om een bepaalde reden	чамусьці	[tʃa'musʲtsi]
omdat ...	бо ...	[bɔ]
voor een bepaald doel	наштосьці	[naʃ'tɔsʲtsi]

en (vw)	і	[i]
of (vw)	або	[a'bɔ]
maar (vw)	але	[a'lɛ]
voor (vz)	для	[dʎa]

te (~ veel mensen)	занадта	[za'natta]
alleen (bw)	толькі	['tɔʎki]
precies (bw)	дакладна	[dak'ladna]
ongeveer (~ 10 kg)	каля	[ka'ʎa]

omstreeks (bw)	прыблізна	[prɪb'lizna]
bij benadering (bn)	прыблізны	[prɪb'liznɪ]
bijna (bw)	амаль	[a'maʎ]
rest (de)	астатняе (н)	[as'tatɲaɛ]

elk (bn)	кожны	['kɔʒnɪ]
om het even welk	любы	[ly'bɪ]
veel (grote hoeveelheid)	шмат	[ʃmat]
veel mensen	многія	['mnɔɣija]
iedereen (alle personen)	усе	[u'sɛ]
in ruil voor ...	у абмен на ...	[u ab'mɛn na]

in ruil (bw)	наўзамен	[nauzaˈmɛn]
met de hand (bw)	уручную	[urutʃˈnuju]
onwaarschijnlijk (bw)	наўрад ці	[nauˈratsi]
waarschijnlijk (bw)	пэўна	[ˈpɛuna]
met opzet (bw)	знарок	[znaˈrɔk]
toevallig (bw)	выпадкова	[vɪpatˈkɔva]
zeer (bw)	вельмі	[ˈwɛʎmi]
bijvoorbeeld (bw)	напрыклад	[napˈrɪklat]
tussen (~ twee steden)	між	[miʃ]
tussen (te midden van)	сярод	[sʲaˈrɔt]
zoveel (bw)	столькі	[ˈstɔʎki]
vooral (bw)	асабліва	[asabˈliva]

Basisbegrippen Deel 2

19. Dagen van de week

maandag (de)	панядзелак (м)	[paɲaˈdzɛlak]
dinsdag (de)	аўторак (м)	[auˈtɔrak]
woensdag (de)	серада (ж)	[sɛraˈda]
donderdag (de)	чацвер (м)	[tʃatsˈwɛr]
vrijdag (de)	пятніца (ж)	[ˈpʲatnitsa]
zaterdag (de)	субота (ж)	[suˈbɔta]
zondag (de)	нядзеля (ж)	[ɲaˈdzɛʎa]
vandaag (bw)	сёння	[ˈsɔŋja]
morgen (bw)	заўтра	[ˈzautra]
overmorgen (bw)	паслязаўтра	[pasʲʎaˈzautra]
gisteren (bw)	учора	[uˈtʃɔra]
eergisteren (bw)	заўчора	[zauˈtʃɔra]
dag (de)	дзень (м)	[dzɛɲ]
werkdag (de)	працоўны дзень (м)	[praˈtsɔunɪ ˈdzɛɲ]
feestdag (de)	святочны дзень (м)	[sʲvʲaˈtɔtʃnɪ ˈdzɛɲ]
verlofdag (de)	выхадны дзень (м)	[vɪhadˈnɪ ˈdzɛɲ]
weekend (het)	выхадныя (м мн)	[vɪhadˈnɪja]
de hele dag (bw)	увесь дзень	[uˈwɛzʲ ˈdzɛɲ]
de volgende dag (bw)	на наступны дзень	[na nasˈtupnɪ ˈdzɛɲ]
twee dagen geleden	два дні таму	[dva ˈdni taˈmu]
aan de vooravond (bw)	напярэдадні	[napʲaˈrɛdadni]
dag-, dagelijks (bn)	штодзённы	[ʃtɔˈdzɔŋɪ]
elke dag (bw)	штодня	[ʃtɔdˈɲa]
week (de)	тыдзень (м)	[ˈtɪdzɛɲ]
vorige week (bw)	на мінулым тыдні	[na miˈnulɪm ˈtɪdni]
volgende week (bw)	на наступным тыдні	[na nasˈtupnɪm ˈtɪdni]
wekelijks (bn)	штотыднёвы	[ʃtɔtɪdˈnɔvɪ]
elke week (bw)	штотыдзень	[ʃtɔˈtɪdzɛɲ]
twee keer per week	два разы на тыдзень	[ˈdva raˈzɪ na ˈtɪdzɛɲ]
elke dinsdag	штоаўторак	[ʃtɔauˈtɔrak]

20. Uren. Dag en nacht

morgen (de)	ранак (м)	[ˈranak]
's morgens (bw)	ранкам	[ˈraŋkam]
middag (de)	поўдзень (м)	[ˈpoudzɛɲ]
's middags (bw)	пасля абеду	[pasʲʎa aˈbɛdu]
avond (de)	вечар (м)	[ˈwɛtʃar]
's avonds (bw)	увечар	[uˈwɛtʃar]

nacht (de)	ноч (ж)	[nɔtʃ]
's nachts (bw)	уначы	[una'tʃɪ]
middernacht (de)	поўнач (ж)	['pɔunatʃ]
seconde (de)	секунда (ж)	[sɛ'kunda]
minuut (de)	хвіліна (ж)	[hwi'lina]
uur (het)	гадзіна (ж)	[ɣa'dzina]
halfuur (het)	паўгадзіны	[pauɣa'dzinɪ]
kwartier (het)	чвэрць (ж) гадзіны	['tʃvɛrdzʲ ɣa'dzinɪ]
vijftien minuten	пятнаццаць хвілін	[pʲat'natsats hwi'lin]
etmaal (het)	суткі (мн)	['sutki]
zonsopgang (de)	узыход (м) сонца	[uzɪ'hɔt 'sɔntsa]
dageraad (de)	світанак (м)	[sʲwi'tanak]
vroege morgen (de)	ранічка (ж)	['ranitʃka]
zonsondergang (de)	захад (м)	['zahat]
's morgens vroeg (bw)	ранічкаю	['ranitʃkaju]
vanmorgen (bw)	сёння ранкам	['sɔnja 'raŋkam]
morgenochtend (bw)	заўтра ранкам	['zautra 'raŋkam]
vanmiddag (bw)	сёння ўдзень	['sɔnja u'dzɛɲ]
's middags (bw)	пасля абеду	[pasʲ'ʎa a'bɛdu]
morgenmiddag (bw)	заўтра пасля абеду	['zautra pasʲ'ʎa a'bɛdu]
vanavond (bw)	сёння ўвечары	['sɔnja u'wɛtʃarɪ]
morgenavond (bw)	заўтра ўвечары	['zautra u'wɛtʃarɪ]
klokslag drie uur	роўна а трэцяй гадзіне	['rɔuna a 'trɛtsʲaj ɣa'dzinɛ]
ongeveer vier uur	каля чацвёртай гадзіны	[ka'ʎa tʃatsʲ'wɔrtaj ɣa'dzinɪ]
tegen twaalf uur	пад дванаццатую гадзіну	[pad dva'natsatuju ɣa'dzinu]
over twintig minuten	праз дваццаць хвілін	[prɔz 'dvatsatsʲ hwi'lin]
over een uur	праз гадзіну	[praz ɣa'dzinu]
op tijd (bw)	своечасова	[svɔɛtʃa'sɔva]
kwart voor ...	без чвэрці	[bʲaʃ 'tʃvɛrtsi]
binnen een uur	на працягу гадзіны	[na pra'tsʲaɣu ɣa'dzinɪ]
elk kwartier	кожныя пятнаццаць хвілін	['kɔʒnɪja pʲat'natsats hwi'lin]
de klok rond	круглыя суткі (мн)	['kruɣlɪja 'sutki]

21. Maanden. Seizoenen

januari (de)	студзень (м)	['studzɛɲ]
februari (de)	люты (м)	['lytɪ]
maart (de)	сакавік (м)	[saka'wik]
april (de)	красавік (м)	[krasa'wik]
mei (de)	май (м)	[maj]
juni (de)	чэрвень (м)	['tʃɛrwɛɲ]
juli (de)	ліпень (м)	['lipɛɲ]
augustus (de)	жнівень (м)	['ʒniwɛɲ]
september (de)	верасень (м)	['wɛrasɛɲ]

oktober (de)	кастрычнік (м)	[kast'rɪtʃnik]
november (de)	лістапад (м)	[lista'pat]
december (de)	снежань (м)	['sʲnɛʒaɲ]
lente (de)	вясна (ж)	[vʲas'na]
in de lente (bw)	увесну	[u'wɛsnu]
lente- (abn)	вясновы	[vʲas'nɔvɪ]
zomer (de)	лета (н)	['lɛta]
in de zomer (bw)	улетку	[u'lɛtku]
zomer-, zomers (bn)	летні	['lɛtni]
herfst (de)	восень (ж)	['vɔsɛɲ]
in de herfst (bw)	увосень	[u'vɔsɛɲ]
herfst- (abn)	восеньскі	['vɔsɛɲski]
winter (de)	зіма (ж)	[zi'ma]
in de winter (bw)	узімку	[u'zimku]
winter- (abn)	зімовы	[zi'mɔvɪ]
maand (de)	месяц (м)	['mɛsʲats]
deze maand (bw)	у гэтым месяцы	[u 'ɣɛtɪm 'mɛsʲatsɪ]
volgende maand (bw)	у наступным месяцы	[u nas'tupnɪm 'mɛsʲatsɪ]
vorige maand (bw)	у мінулым месяцы	[u mi'nulɪm 'mɛsʲatsɪ]
een maand geleden (bw)	месяц таму	['mɛsʲats ta'mu]
over een maand (bw)	праз месяц	[prazʲ 'mɛsʲats]
over twee maanden (bw)	праз два месяцы	[praz 'dva 'mɛsʲatsɪ]
de hele maand (bw)	увесь месяц	[u'wɛsʲ 'mɛsʲats]
een volle maand (bw)	цэлы месяц	['tsɛlɪ 'mɛsʲats]
maand-, maandelijks (bn)	штомесячны	[ʃtɔ'mɛsʲatʃnɪ]
maandelijks (bw)	штомесяц	[ʃtɔ'mɛsʲats]
elke maand (bw)	штомесяц	[ʃtɔ'mɛsʲats]
twee keer per maand	два разы на месяц	[dva ra'zɪ na 'mɛsʲats]
jaar (het)	год (м)	[ɣɔt]
dit jaar (bw)	сёлета	['sɔlɛta]
volgend jaar (bw)	налета	[na'lɛta]
vorig jaar (bw)	летась	['lɛtasʲ]
een jaar geleden (bw)	год таму	['ɣɔt ta'mu]
over een jaar	праз год	[praz 'ɣɔt]
over twee jaar	праз два гады	[praz dva ɣa'dɪ]
het hele jaar	увесь год	[u'wɛzʲ 'ɣɔt]
een vol jaar	цэлы год	['tsɛlɪ 'ɣɔt]
elk jaar	штогод	[ʃtɔ'ɣɔt]
jaar-, jaarlijks (bn)	штогадовы	[ʃtɔɣa'dɔvɪ]
jaarlijks (bw)	штогод	[ʃtɔ'ɣɔt]
4 keer per jaar	чатыры разы на год	[tʃa'tɪrɪ ra'zɪ na 'ɣɔt]
datum (de)	дзень (м)	[dzɛɲ]
datum (de)	дата (ж)	['data]
kalender (de)	каляндар (м)	[kaʎan'dar]
een half jaar	паўгода	[pau'ɣɔda]

zes maanden	паўгоддзе (н)	[pau'ɣɔddzɛ]
seizoen (bijv. lente, zomer)	сезон (м)	[sɛ'zɔn]
eeuw (de)	стагоддзе (н)	[sta'ɣɔddzɛ]

22. Meeteenheden

gewicht (het)	вага (ж)	[va'ɣa]
lengte (de)	даўжыня (ж)	[dauʒı'ɲa]
breedte (de)	шырыня (ж)	[ʃırı'ɲa]
hoogte (de)	вышыня (ж)	[vıʃı'ɲa]
diepte (de)	глыбіня (ж)	[ɣlıbi'ɲa]
volume (het)	аб'ём (м)	[abʰзm]
oppervlakte (de)	плошча (ж)	['plɔʃtʃa]

gram (het)	грам (м)	[ɣram]
milligram (het)	міліграм (м)	[miliɣ'ram]
kilogram (het)	кілаграм (м)	[kilaɣ'ram]
ton (duizend kilo)	тона (ж)	['tɔna]
pond (het)	фунт (м)	[funt]
ons (het)	унцыя (ж)	['untsıja]

meter (de)	метр (м)	[mɛtr]
millimeter (de)	міліметр (м)	[mili'mɛtr]
centimeter (de)	сантыметр (м)	[santı'mɛtr]
kilometer (de)	кіламетр (м)	[kila'mɛtr]
mijl (de)	міля (ж)	['miʎa]

duim (de)	цаля (ж)	['tsaʎa]
voet (de)	фут (м)	[fut]
yard (de)	ярд (м)	[jart]

vierkante meter (de)	квадратны метр (м)	[kvad'ratnı 'mɛtr]
hectare (de)	гектар (м)	[ɣɛk'tar]

liter (de)	літр (м)	[litr]
graad (de)	градус (м)	['ɣradus]
volt (de)	вольт (м)	[vɔʎt]
ampère (de)	ампер (м)	[am'pɛr]
paardenkracht (de)	конская сіла (ж)	['kɔnskaja 'sila]

hoeveelheid (de)	колькасць (ж)	['kɔʎkasʲts]
een beetje ...	трохі ...	['trɔhi]
helft (de)	палова (ж)	[pa'lɔva]
dozijn (het)	тузін (м)	['tuzin]
stuk (het)	штука (ж)	['ʃtuka]

afmeting (de)	памер (м)	[pa'mɛr]
schaal (bijv. ~ van 1 op 50)	маштаб (м)	[maʃ'tap]

minimaal (bn)	мінімальны	[mini'maʎnı]
minste (bn)	найменшы	[naj'mɛnʃı]
medium (bn)	сярэдні	[sʲa'rɛdni]
maximaal (bn)	максімальны	[maksi'maʎnı]
grootste (bn)	найбольшы	[naj'bɔʎʃı]

23. Containers

glazen pot (de)	слоік (м)	['slɔik]
blik (conserven~)	бляшанка (ж)	[bʎa'ʃaŋka]
emmer (de)	вядро (н)	[vʲad'rɔ]
ton (bijv. regenton)	бочка (ж)	['bɔtʃka]

ronde waterbak (de)	таз (м)	[tas]
tank (bijv. watertank-70-ltr)	бак (м)	[bak]
heupfles (de)	біклажка (ж)	[bik'laʃka]
jerrycan (de)	каністра (ж)	[ka'nistra]
tank (bijv. ketelwagen)	цыстэрна (ж)	[tsɪs'tɛrna]

beker (de)	кубак (м)	['kubak]
kopje (het)	кубак (м)	['kubak]
schoteltje (het)	сподак (м)	['spɔdak]
glas (het)	шклянка (ж)	['ʃkʎaŋka]
wijnglas (het)	келіх (м)	['kɛlih]
steelpan (de)	рондаль (м)	['rɔndaʎ]

fles (de)	бутэлька (ж)	[bu'tɛʎka]
flessenhals (de)	рыльца (н)	['rɪʎtsa]

karaf (de)	графін (м)	[ɣra'fin]
kruik (de)	збан (м)	[zban]
vat (het)	пасудзіна (ж)	[pa'sudzina]
pot (de)	гаршчок (м)	[ɣarʃ'tʃɔk]
vaas (de)	ваза (ж)	['vaza]

flacon (de)	флакон (м)	[fla'kɔn]
flesje (het)	бутэлечка (ж)	[bu'tɛlɛtʃka]
tube (bijv. ~ tandpasta)	цюбік (м)	['tsybik]

zak (bijv. ~ aardappelen)	мяшок (м)	[mʲa'ʃɔk]
tasje (het)	пакет (м)	[pa'kɛt]
pakje (~ sigaretten, enz.)	пачак (м)	['patʃak]

doos (de)	каробка (ж)	[ka'rɔpka]
kist (de)	скрынка (ж)	['skrɪŋka]
mand (de)	кош (м)	[kɔʃ]

MENS

Mens. Het lichaam

24. Hoofd

hoofd (het)	галава (ж)	[ɣalaˈva]
gezicht (het)	твар (м)	[tvar]
neus (de)	нос (м)	[nɔs]
mond (de)	рот (м)	[rɔt]
oog (het)	вока (н)	[ˈvɔka]
ogen (mv.)	вочы (н мн)	[ˈvɔtʃɪ]
pupil (de)	зрэнка (ж)	[ˈzrɛŋka]
wenkbrauw (de)	брыво (н)	[brɪˈvɔ]
wimper (de)	вейка (ж)	[ˈwɛjka]
ooglid (het)	павека (н)	[paˈwɛka]
tong (de)	язык (м)	[jaˈzɪk]
tand (de)	зуб (м)	[zup]
lippen (mv.)	губы (ж мн)	[ˈɣubɪ]
jukbeenderen (mv.)	скулы (ж мн)	[ˈskulɪ]
tandvlees (het)	дзясна (ж)	[dzʲasˈna]
gehemelte (het)	паднябенне (н)	[padɲaˈbɛŋɛ]
neusgaten (mv.)	ноздры (ж мн)	[ˈnɔzdrɪ]
kin (de)	падбародак (м)	[padbaˈrɔdak]
kaak (de)	скiвiца (ж)	[ˈskiwitsa]
wang (de)	шчака (ж)	[ʃtʃaˈka]
voorhoofd (het)	лоб (м)	[lɔp]
slaap (de)	скронь (ж)	[skrɔɲ]
oor (het)	вуха (н)	[ˈvuha]
achterhoofd (het)	патылiца (ж)	[paˈtɪlitsa]
hals (de)	шыя (ж)	[ˈʃɪja]
keel (de)	горла (н)	[ˈɣɔrla]
haren (mv.)	валасы (м мн)	[valaˈsɪ]
kapsel (het)	прычоска (ж)	[prɪˈtʃɔska]
haarsnit (de)	стрыжка (ж)	[ˈstrɪʃka]
pruik (de)	парык (м)	[paˈrɪk]
snor (de)	вусы (м мн)	[ˈvusɪ]
baard (de)	барада (ж)	[baraˈda]
dragen (een baard, enz.)	насiць	[naˈsitsʲ]
vlecht (de)	каса (ж)	[kaˈsa]
bakkebaarden (mv.)	бакенбарды (мн)	[bakɛnˈbardɪ]
ros (roodachtig, rossig)	рыжы	[ˈrɪʒɪ]
grijs (~ haar)	сiвы	[siˈvɪ]

kaal (bn)	лысы	['lɪsɪ]
kale plek (de)	лысіна (ж)	['lɪsina]
paardenstaart (de)	хвост (м)	[hvɔst]
pony (de)	чубок (м)	[tʃu'bɔk]

25. Menselijk lichaam

hand (de)	кісць (ж)	[kisʲts]
arm (de)	рука (ж)	[ru'ka]

vinger (de)	палец (м)	['palɛts]
duim (de)	вялікі палец (м)	[vʲa'liki 'palɛts]
pink (de)	мезенец (м)	['mɛzɛnɛts]
nagel (de)	пазногаць (м)	[paz'nɔɣats]

vuist (de)	кулак (м)	[ku'lak]
handpalm (de)	далонь (ж)	[da'lɔɲ]
pols (de)	запясце (н)	[za'pʲasʲtsɛ]
voorarm (de)	перадплечча (н)	[pɛratp'lɛtʃa]
elleboog (de)	локаць (м)	['lɔkats]
schouder (de)	плячо (н)	[pʎa'tʃɔ]

been (rechter ~)	нага (ж)	[na'ɣa]
voet (de)	ступня (ж)	[stup'ɲa]
knie (de)	калена (н)	[ka'lɛna]
kuit (de)	лытка (ж)	['lɪtka]
heup (de)	сцягно (н)	[sʲtsʲaɣ'nɔ]
hiel (de)	пятка (ж)	['pʲatka]

lichaam (het)	цела (н)	['tsɛla]
buik (de)	жывот (м)	[ʒɪ'vɔt]
borst (de)	грудзі (мн)	['ɣrudzi]
borst (de)	грудзі (мн)	['ɣrudzi]
zijde (de)	бок (м)	[bɔk]
rug (de)	спіна (ж)	['sʲpina]
lage rug (de)	паясніца (ж)	[pajasʲ'nitsa]
taille (de)	талія (ж)	['talija]

navel (de)	пупок (м)	[pu'pɔk]
billen (mv.)	ягадзіцы (ж мн)	['jaɣadzitsɪ]
achterwerk (het)	зад (м)	[zat]

huidvlek (de)	радзімка (ж)	[ra'dzimka]
moedervlek (de)	радзімая пляма (ж)	[ra'dzimaja 'pʎama]
tatoeage (de)	татуіроўка (ж)	[tatui'rɔuka]
litteken (het)	шрам (м)	[ʃram]

Kleding en accessoires

26. Bovenkleding. Jassen

kleren (mv.), kleding (de)	адзенне (н)	[aˈdzɛŋɛ]
bovenkleding (de)	вопратка (ж)	[ˈvɔpratka]
winterkleding (de)	зімовая вопратка (ж)	[ziˈmɔvaja ˈvɔpratka]
jas (de)	паліто (н)	[paliˈtɔ]
bontjas (de)	футра (н)	[ˈfutra]
bontjasje (het)	паўкажушак (м)	[paukaˈʒuʃak]
donzen jas (de)	пухавік (м)	[puhaˈwik]
jasje (bijv. een leren ~)	куртка (ж)	[ˈkurtka]
regenjas (de)	плашч (м)	[plaʃtʃ]
waterdicht (bn)	непрамакальны	[nɛpramaˈkaʎnɪ]

27. Heren & dames kleding

overhemd (het)	кашуля (ж)	[kaˈʃuʎa]
broek (de)	штаны (мн)	[ʃtaˈnɪ]
jeans (de)	джынсы (мн)	[ˈdʒɪnsɪ]
colbert (de)	пінжак (м)	[pinˈʒak]
kostuum (het)	касцюм (м)	[kasʲˈtsym]
jurk (de)	сукенка (ж)	[suˈkɛŋka]
rok (de)	спадніца (ж)	[spadˈnitsa]
blouse (de)	блузка (ж)	[ˈbluska]
wollen vest (de)	кофта (ж)	[ˈkɔfta]
blazer (kort jasje)	жакет (м)	[ʒaˈkɛt]
T-shirt (het)	футболка (ж)	[fudˈbɔlka]
shorts (mv.)	шорты (мн)	[ˈʃɔrtɪ]
trainingspak (het)	спартыўны касцюм (м)	[sparˈtıunɪ kasʲˈtsym]
badjas (de)	халат (м)	[haˈlat]
pyjama (de)	піжама (ж)	[piˈʒama]
sweater (de)	світэр (м)	[ˈsʲwitɛr]
pullover (de)	пуловер (м)	[puˈlɔwɛr]
gilet (het)	камізэлька (ж)	[kamiˈzɛʎka]
rokkostuum (het)	фрак (м)	[frak]
smoking (de)	смокінг (м)	[ˈsmɔkinh]
uniform (het)	форма (ж)	[ˈfɔrma]
werkkleding (de)	працоўнае адзенне (н)	[praˈtsɔunaɛ aˈdzɛŋɛ]
overall (de)	камбінезон (м)	[kambinɛˈzɔn]
doktersjas (de)	халат (м)	[haˈlat]

T&P Books. Thematische woordenschat Nederlands-Wit-Russisch - 5000 woorden

28. Kleding. Ondergoed

ondergoed (het)	бялізна (ж)	[bʲaˈlizna]
onderhemd (het)	майка (ж)	[ˈmajka]
sokken (mv.)	шкарпэткі (ж мн)	[ʃkarˈpɛtki]
nachthemd (het)	начная кашуля (ж)	[natʃˈnaja kaˈʃuʎa]
beha (de)	бюстгальтар (м)	[byzˈɣaʎtar]
kniekousen (mv.)	гольфы (мн)	[ˈɣɔʎfɪ]
panty (de)	калготкі (мн)	[kalˈɣɔtki]
nylonkousen (mv.)	панчохі (ж мн)	[panˈtʃɔhi]
badpak (het)	купальнік (м)	[kuˈpaʎnik]

29. Hoofddeksels

hoed (de)	шапка (ж)	[ˈʃapka]
deukhoed (de)	капялюш (м)	[kapʲaˈlyʃ]
honkbalpet (de)	бейсболка (ж)	[bɛjzˈbɔlka]
kleppet (de)	кепка (ж)	[ˈkɛpka]
baret (de)	берэт (м)	[bʲaˈrɛt]
kap (de)	капюшон (м)	[kapyˈʃɔn]
panamahoed (de)	панамка (ж)	[paˈnamka]
gebreide muts (de)	вязаная шапачка (ж)	[ˈvʲazanaja ˈʃapatʃka]
hoofddoek (de)	хустка (ж)	[ˈhustka]
dameshoed (de)	капялюшык (м)	[kapʲaˈlyʃɪk]
veiligheidshelm (de)	каска (ж)	[ˈkaska]
veldmuts (de)	пілотка (ж)	[piˈlɔtka]
helm, valhelm (de)	шлем (м)	[ʃlɛm]
bolhoed (de)	кацялок (м)	[katsʲaˈlɔk]
hoge hoed (de)	цыліндр (м)	[tsɪˈlindr]

30. Schoeisel

schoeisel (het)	абутак (м)	[aˈbutak]
schoenen (mv.)	чаравікі (м мн)	[tʃaraˈwiki]
vrouwenschoenen (mv.)	туфлі (м мн)	[ˈtufli]
laarzen (mv.)	боты (м мн)	[ˈbɔtɪ]
pantoffels (mv.)	тапачкі (ж мн)	[ˈtapatʃki]
sportschoenen (mv.)	красоўкі (ж мн)	[kraˈsɔuki]
sneakers (mv.)	кеды (м мн)	[ˈkɛdɪ]
sandalen (mv.)	сандалі (ж мн)	[sanˈdali]
schoenlapper (de)	шавец (м)	[ʃaˈwɛts]
hiel (de)	абцас (м)	[apˈtsas]
paar (een ~ schoenen)	пара (ж)	[ˈpara]
veter (de)	шнурок (м)	[ʃnuˈrɔk]

rijgen (schoenen ~)	шнуравaць	[ʃnura'vats]
schoenlepel (de)	ражок (м)	[ra'ʒɔk]
schoensmeer (de/het)	крэм (м) для абутку	['krɛm dʎa a'butku]

31. Persoonlijke accessoires

handschoenen (mv.)	пальчаткі (ж мн)	[paʎ'tʃatki]
wanten (mv.)	рукавіцы (ж мн)	[ruka'witsı]
sjaal (fleece ~)	шалік (м)	['ʃalik]

bril (de)	акуляры (мн)	[aku'ʎarı]
brilmontuur (het)	аправа (ж)	[ap'rava]
paraplu (de)	парасон (м)	[para'sɔn]
wandelstok (de)	палка (ж)	['palka]
haarborstel (de)	шчотка (ж) для валасоў	['ʃtʃotka dʎa vala'sɔu]
waaier (de)	веер (м)	['wɛːr]

das (de)	гальштук (м)	['ɣaʎʃtuk]
strikje (het)	гальштук-мушка (ж)	['ɣaʎʃtuk 'muʃka]
bretels (mv.)	шлейкі (мн)	['ʃlɛjki]
zakdoek (de)	насоўка (ж)	[na'sɔuka]

kam (de)	грабянец (м)	[ɣrabʲa'nɛts]
haarspeldje (het)	заколка (ж)	[za'kɔlka]
schuifspeldje (het)	шпілька (ж)	['ʃpiʎka]
gesp (de)	спражка (ж)	['spraʃka]

| broekriem (de) | пояс (м) | ['pɔjas] |
| draagriem (de) | рэмень (м) | ['rɛmɛɲ] |

handtas (de)	сумка (ж)	['sumka]
damestas (de)	сумачка (ж)	['sumatʃka]
rugzak (de)	рукзак (м)	[ruɣ'zak]

32. Kleding. Diversen

mode (de)	мода (ж)	['mɔda]
de mode (bn)	модны	['mɔdnı]
kledingstilist (de)	мадэльер (м)	[madɛ'ʎjɛr]

kraag (de)	каўнер (м)	[kau'nɛr]
zak (de)	кішэня (ж)	[ki'ʃɛɲa]
zak- (abn)	кішэнны	[ki'ʃɛŋı]
mouw (de)	рукаў (м)	[ru'kau]
lusje (het)	вешалка (ж)	['wɛʃalka]
gulp (de)	прарэх (м)	[pra'rɛh]

rits (de)	маланка (ж)	[ma'laŋka]
sluiting (de)	зашпілька (ж)	[zaʃ'piʎka]
knoop (de)	гузік (м)	['ɣuzik]
knoopsgat (het)	прарэшак (м)	[pra'rɛʃak]
losraken (bijv. knopen)	адарвацца	[adar'vatsa]

naaien (kleren, enz.)	шыць	[ʃits]
borduren (ww)	вышываць	[vɪʃi'vatsʲ]
borduursel (het)	вышыўка (ж)	['vɨʃiuka]
naald (de)	іголка (ж)	[i'ɣɔlka]
draad (de)	нітка (ж)	['nitka]
naad (de)	шво (н)	[ʃvɔ]
vies worden (ww)	запэцкацца	[za'pɛtskatsa]
vlek (de)	пляма (ж)	['pʎama]
gekreukt raken (ov. kleren)	памяцца	[pa'mʲatsa]
scheuren (ov.ww.)	падраць	[pad'ratsʲ]
mot (de)	моль (ж)	[mɔʎ]

33. Persoonlijke verzorging. Schoonheidsmiddelen

tandpasta (de)	зубная паста (ж)	[zub'naja 'pasta]
tandenborstel (de)	зубная шчотка (ж)	[zub'naja 'ʧɔtka]
tanden poetsen (ww)	чысціць зубы	['ʧɪsʲtsidzʲ zu'bɨ]
scheermes (het)	брытва (ж)	['brɪtva]
scheerschuim (het)	крэм (м) для галення	['krɛm dʎa ɣa'lɛnja]
zich scheren (ww)	галіцца	[ɣa'litsa]
zeep (de)	мыла (н)	['mɨla]
shampoo (de)	шампунь (м)	[ʃam'puɲ]
schaar (de)	нажніцы (мн)	[naʒ'nitsɨ]
nagelvijl (de)	пілачка (ж) для пазногцяў	['pilaʧka dʎa paz'nɔhtsʲau̯]
nagelknipper (de)	шчыпчыкі (мн)	['ʧʃipʧiki]
pincet (het)	пінцэт (м)	[pin'tsɛt]
cosmetica (de)	касметыка (ж)	[kasʲ'mɛtɪka]
masker (het)	маска (ж)	['maska]
manicure (de)	манікюр (м)	[mani'kyr]
manicure doen	рабіць манікюр	[ra'bitsʲ mani'kyr]
pedicure (de)	педыкюр (м)	[pɛdɪ'kyr]
cosmetica tasje (het)	касметычка (ж)	[kasʲmɛ'tɪʧka]
poeder (de/het)	пудра (ж)	['pudra]
poederdoos (de)	пудраніца (ж)	['pudranitsa]
rouge (de)	румяны (мн)	[ru'mʲanɨ]
parfum (de/het)	парфума (ж)	[par'fuma]
eau de toilet (de)	туалетная вада (ж)	[tua'lɛtnaja va'da]
lotion (de)	лосьён (м)	[la'sʲɔn]
eau de cologne (de)	адэкалон (м)	[adɛka'lɔn]
oogschaduw (de)	цені (м мн) для павек	['tsɛni dʎa pa'wɛk]
oogpotlood (het)	аловак (м) для вачэй	[a'lɔvaɣ dʎa va'ʧɛj]
mascara (de)	туш (ж)	[tuʃ]
lippenstift (de)	губная памада (ж)	[ɣub'naja pa'mada]
nagellak (de)	лак (м) для пазногцяў	['lay dʎa paz'nɔhtsʲau̯]
haarlak (de)	лак (м) для валасоў	['lay dʎa vala'sɔu̯]

deodorant (de)	дэзадарант (м)	[dɛzada'rant]
crème (de)	крэм (м)	[krɛm]
gezichtscrème (de)	крэм (м) для твару	['krɛm dʎa 'tvaru]
handcrème (de)	крэм (м) для рук	['krɛm dʎa 'ruk]
antirimpelcrème (de)	крэм (м) супраць зморшчын	['krɛm 'supradzʲ z'mɔrʃʧɨn]
dag- (abn)	дзённы	['dzɜŋɪ]
nacht- (abn)	начны	[naʧ'nɪ]
tampon (de)	тампон (м)	[tam'pɔn]
toiletpapier (het)	туалетная папера (ж)	[tua'lɛtnaja pa'pɛra]
föhn (de)	фен (м)	[fɛn]

34. Horloges. Klokken

polshorloge (het)	гадзіннік (м)	[ɣa'dzɪŋik]
wijzerplaat (de)	цыферблат (м)	[tsɨfɛrb'lat]
wijzer (de)	стрэлка (ж)	['strɛlka]
metalen horlogeband (de)	бранзалет (м)	[branza'lɛt]
horlogebandje (het)	раменьчык (м)	[ra'mɛɲʧɨk]
batterij (de)	батарэйка (ж)	[bata'rɛjka]
leeg zijn (ww)	сесці	['sɛsʲtsi]
batterij vervangen	памяняць батарэйку	[pamʲa'ɲadzʲ bata'rɛjku]
voorlopen (ww)	спяшацца	[sʲpʲa'ʃatsa]
achterlopen (ww)	адставаць	[atsta'vats]
wandklok (de)	гадзіннік (м) насценны	[ɣa'dzɪŋik nasʲ'tsɛŋɪ]
zandloper (de)	гадзіннік (м) пясочны	[ɣa'dzɪŋik pʲa'sɔʧnɪ]
zonnewijzer (de)	гадзіннік (м) сонечны	[ɣa'dzɪŋik 'sɔnɛʧnɪ]
wekker (de)	будзільнік (м)	[hʊ'dzɪʎnik]
horlogemaker (de)	гадзіншчык (м)	[ɣa'dzɪnʃʧɨk]
repareren (ww)	рамантаваць	[ramanta'vats]

Voedsel. Voeding

35. Voedsel

vlees (het)	мяса (н)	['mʲasa]
kip (de)	курыца (ж)	['kurıtsa]
kuiken (het)	кураня (н)	[kura'ɲa]
eend (de)	качка (ж)	['katʃka]
gans (de)	гусь (ж)	[ɣusʲ]
wild (het)	дзічына (ж)	[dzi'tʃına]
kalkoen (de)	індычка (ж)	[in'dıtʃka]
varkensvlees (het)	свініна (ж)	[sʲwi'nina]
kalfsvlees (het)	цяляціна (ж)	[tsʲa'ʎatsina]
schapenvlees (het)	бараніна (ж)	[ba'ranina]
rundvlees (het)	ялавічына (ж)	['jalawitʃına]
konijnenvlees (het)	трус (м)	[trus]
worst (de)	каўбаса (ж)	[kauba'sa]
saucijs (de)	сасіска (ж)	[sa'siska]
spek (het)	бекон (м)	[bɛ'kɔn]
ham (de)	вяндліна (ж)	[vʲand'lina]
gerookte achterham (de)	кумпяк (м)	[kum'pʲak]
paté, pastei (de)	паштэт (м)	[paʃtɛt]
lever (de)	печань (ж)	['pɛtʃaɲ]
varkensvet (het)	сала (н)	['sala]
gehakt (het)	фарш (м)	[farʃ]
tong (de)	язык (м)	[ja'zık]
ei (het)	яйка (н)	['jajka]
eieren (mv.)	яйкі (н мн)	['jajki]
eiwit (het)	бялок (м)	[bʲa'lɔk]
eigeel (het)	жаўток (м)	[ʒau'tɔk]
vis (de)	рыба (ж)	['rıba]
zeevruchten (mv.)	морапрадукты (м мн)	[mɔrapra'duktı]
kaviaar (de)	ікра (ж)	[ik'ra]
krab (de)	краб (м)	[krap]
garnaal (de)	крэветка (ж)	[krɛ'wɛtka]
oester (de)	вустрыца (ж)	['vustrıtsa]
langoest (de)	лангуст (м)	[la'ŋust]
octopus (de)	васьміног (м)	[vasʲmi'nɔh]
inktvis (de)	кальмар (м)	[kaʎ'mar]
steur (de)	асятрына (ж)	[asʲat'rına]
zalm (de)	ласось (м)	[la'sɔsʲ]
heilbot (de)	палтус (м)	['paltus]
kabeljauw (de)	траска (ж)	[tras'ka]

makreel (de)	скумбрыя (ж)	['skumbrıja]
tonijn (de)	тунец (м)	[tu'nɛts]
paling (de)	вугор (м)	[vu'ɣɔr]
forel (de)	стронга (ж)	['strɔŋa]
sardine (de)	сардзіна (ж)	[sar'dzina]
snoek (de)	шчупак (м)	[ʃtʃu'pak]
haring (de)	селядзец (м)	[sɛʎa'dzɛts]
brood (het)	хлеб (м)	[hlɛp]
kaas (de)	сыр (м)	[sır]
suiker (de)	цукар (м)	['tsukar]
zout (het)	соль (ж)	[sɔʎ]
rijst (de)	рыс (м)	[rıs]
pasta (de)	макарона (ж)	[maka'rɔna]
noedels (mv.)	локшына (ж)	['lɔkʃına]
boter (de)	масла (н)	['masla]
plantaardige olie (de)	алей (м)	[a'lɛj]
zonnebloemolie (de)	сланечнікавы алей (м)	[sla'nɛtʃnikavı a'lɛj]
margarine (de)	маргарын (м)	[marɣa'rın]
olijven (mv.)	алівы (ж мн)	[a'livı]
olijfolie (de)	алей (м) аліўкавы	[a'lɛj a'liukavı]
melk (de)	малако (н)	[mala'kɔ]
gecondenseerde melk (de)	згушчанае малако (н)	['zɣuʃtʃanaɛ mala'kɔ]
yoghurt (de)	ёгурт (м)	[ɜɣurt]
zure room (de)	смятана (ж)	[sʲmʲa'tana]
room (de)	вяршкі (мн)	[vʲarʃ'ki]
mayonaise (de)	маянэз (м)	[maja'nɛɛ]
crème (de)	крэм (м)	[krɛm]
graan (het)	крупы (мн)	['krupı]
meel (het), bloem (de)	мука (ж)	[mu'ka]
conserven (mv.)	кансервы (ж мн)	[kan'sɛrvı]
maïsvlokken (mv.)	кукурузныя шматкі (м мн)	[kuku'ruznıja ʃmat'ki]
honing (de)	мёд (м)	['mɜt]
jam (de)	джэм (м)	[dʒɛm]
kauwgom (de)	жавальная гумка (ж)	[ʒa'vaʎnaja 'ɣumka]

36. Drankjes

water (het)	вада (ж)	[va'da]
drinkwater (het)	пітная вада (ж)	[pit'naja va'da]
mineraalwater (het)	мінеральная вада (ж)	[minɛ'raʎnaja va'da]
zonder gas	без газу	[bʲaz 'ɣazu]
koolzuurhoudend (bn)	газіраваны	[ɣazira'vanı]
bruisend (bn)	з газам	[z 'ɣazam]
IJs (het)	лёд (м)	['lɜt]

met ijs	з лёдам	[zʲ 'lɜdam]
alcohol vrij (bn)	безалкагольны	[bɛzalka'ɣɔʎnɪ]
alcohol vrije drank (de)	безалкагольны напітак (м)	[bɛzalka'ɣɔʎnɪ na'pitak]
frisdrank (de)	прахаладжальны напітак (м)	[prahala'dʒaʎnɪ na'pitak]
limonade (de)	ліманад (м)	[lima'nat]
alcoholische dranken (mv.)	алкагольныя напіткі (м мн)	[alka'ɣɔʎnɪja na'pitki]
wijn (de)	віно (н)	[wi'nɔ]
witte wijn (de)	белае віно (н)	['bɛlaɛ wi'nɔ]
rode wijn (de)	чырвонае віно (н)	[tʃɪr'vɔnaɛ wi'nɔ]
likeur (de)	лікёр (м)	[li'kɜr]
champagne (de)	шампанскае (н)	[ʃam'panskaɛ]
vermout (de)	вермут (м)	['wɛrmut]
whisky (de)	віскі (н)	['wiski]
wodka (de)	гарэлка (ж)	[ɣa'rɛlka]
gin (de)	джын (м)	[dʒɪn]
cognac (de)	каньяк (м)	[ka'ɲjak]
rum (de)	ром (м)	[rɔm]
koffie (de)	кава (ж)	['kava]
zwarte koffie (de)	чорная кава (ж)	['tʃɔrnaja 'kava]
koffie (de) met melk	кава (ж) з малаком	['kava z mala'kɔm]
cappuccino (de)	кава (ж) з вяршкамі	['kava zʲ vʲarʃ'kami]
oploskoffie (de)	растваральная кава (ж)	[rastva'raʎnaja 'kava]
melk (de)	малако (н)	[mala'kɔ]
cocktail (de)	кактэйль (м)	[kak'tɛjʎ]
milkshake (de)	малочны кактэйль (м)	[ma'lɔtʃnɪ kak'tɛjʎ]
sap (het)	сок (м)	[sɔk]
tomatensap (het)	таматны сок (м)	[ta'matnɪ 'sɔk]
sinaasappelsap (het)	апельсінавы сок (м)	[apɛʎ'sinavɪ 'sɔk]
vers geperst sap (het)	свежавыціснуты сок (м)	[sʲwɛʒa'vɪtsisnutɪ 'sɔk]
bier (het)	піва (н)	['piva]
licht bier (het)	светлае піва (н)	['sʲwɛtlaɛ 'piva]
donker bier (het)	цёмнае піва (н)	['tsɜmnaɛ 'piva]
thee (de)	чай (м)	[tʃaj]
zwarte thee (de)	чорны чай (м)	['tʃɔrnɪ 'tʃaj]
groene thee (de)	зялёны чай (м)	[zʲa'lɜnɪ 'tʃaj]

37. Groenten

groenten (mv.)	гародніна (ж)	[ɣa'rɔdnina]
verse kruiden (mv.)	зяляніна (ж)	[zɛʎa'nina]
tomaat (de)	памідор (м)	[pami'dɔr]
augurk (de)	агурок (м)	[aɣu'rɔk]
wortel (de)	морква (ж)	['mɔrkva]
aardappel (de)	бульба (ж)	['buʎba]

ui (de)	цыбуля (ж)	[tsɪ'buʎa]
knoflook (de)	часнок (м)	[tʃas'nɔk]
kool (de)	капуста (ж)	[ka'pusta]
bloemkool (de)	квяцістая капуста (ж)	[kvʲa'tsistaja ka'pusta]
spruitkool (de)	брусельская капуста (ж)	[bru'sɛʎskaja ka'pusta]
broccoli (de)	капуста (ж) браколі	[ka'pusta bra'kɔli]
rode biet (de)	бурак (м)	[bu'rak]
aubergine (de)	баклажан (м)	[bakla'ʒan]
courgette (de)	кабачок (м)	[kaba'tʃɔk]
pompoen (de)	гарбуз (м)	[ɣar'bus]
raap (de)	рэпа (ж)	['rɛpa]
peterselie (de)	пятрушка (ж)	[pʲat'ruʃka]
dille (de)	кроп (м)	[krɔp]
sla (de)	салата (ж)	[sa'lata]
selderij (de)	сельдэрэй (м)	[sɛʎdɛ'rɛj]
asperge (de)	спаржа (ж)	['sparʒa]
spinazie (de)	шпінат (м)	[ʃpi'nat]
erwt (de)	гарох (м)	[ɣa'rɔh]
bonen (mv.)	боб (м)	[bɔp]
maïs (de)	кукуруза (ж)	[kuku'ruza]
boon (de)	фасоля (ж)	[fa'sɔʎa]
peper (de)	перац (м)	['pɛrats]
radijs (de)	радыска (ж)	[ra'dıska]
artisjok (de)	артышок (м)	[artı'ʃɔk]

38. Vruchten. Noten

vrucht (de)	фрукт (м)	[frukt]
appel (de)	яблык (м)	['jablık]
peer (de)	груша (ж)	['ɣruʃa]
citroen (de)	лімон (м)	[li'mɔn]
sinaasappel (de)	апельсін (м)	[apɛʎ'sin]
aardbei (de)	клубніцы (ж мн)	[klub'nitsı]
mandarijn (de)	мандарын (м)	[manda'rın]
pruim (de)	сліва (ж)	['sʲliva]
perzik (de)	персік (м)	['pɛrsik]
abrikoos (de)	абрыкос (м)	[abrı'kɔs]
framboos (de)	маліны (ж мн)	[ma'linı]
ananas (de)	ананас (м)	[ana'nas]
banaan (de)	банан (м)	[ba'nan]
watermeloen (de)	кавун (м)	[ka'vun]
druif (de)	вінаград (м)	[winaɣ'rat]
zure kers (de)	вішня (ж)	['wiʃɲa]
zoete kers (de)	чарэшня (ж)	[tʃa'rɛʃɲa]
meloen (de)	дыня (ж)	['dıɲa]
grapefruit (de)	грэйпфрут (м)	[ɣrɛjpf'rut]
avocado (de)	авакада (н)	[ava'kada]

papaja (de)	папайя (ж)	[pa'paja]
mango (de)	манга (н)	['maŋa]
granaatappel (de)	гранат (м)	[ɣra'nat]

rode bes (de)	чырвоныя парэчкі (ж мн)	[tʃɪr'vɔnɪja pa'rɛtʃki]
zwarte bes (de)	чорныя парэчкі (ж мн)	['tʃɔrnɪja pa'rɛtʃki]
kruisbes (de)	агрэст (м)	[aɣ'rɛst]
bosbes (de)	чарніцы (ж мн)	[tʃar'nitsɪ]
braambes (de)	ажыны (ж мн)	[a'ʒɪnɪ]

rozijn (de)	разынкі (ж мн)	[ra'zɪŋki]
vijg (de)	інжыр (м)	[in'ʒɪr]
dadel (de)	фінік (м)	['finik]

pinda (de)	арахіс (м)	[a'rahis]
amandel (de)	міндаль (м)	[min'daʎ]
walnoot (de)	арэх (м)	[a'rɛh]
hazelnoot (de)	арэх (м)	[a'rɛh]
kokosnoot (de)	арэх (м) какосавы	[a'rɛh ka'kɔsavɪ]
pistaches (mv.)	фісташкі (ж мн)	[fis'taʃki]

39. Brood. Snoep

suikerbakkerij (de)	кандытарскія вырабы (м мн)	[kan'dɪtarskija 'vɪrabɪ]
brood (het)	хлеб (м)	[hlɛp]
koekje (het)	печыва (н)	['pɛtʃɪva]

chocolade (de)	шакалад (м)	[ʃaka'lat]
chocolade- (abn)	шакаладны	[ʃaka'ladnɪ]
snoepje (het)	цукерка (ж)	[tsu'kɛrka]
cakeje (het)	пірожнае (н)	[pi'rɔʒnaɛ]
taart (bijv. verjaardags~)	торт (м)	[tɔrt]

pastei (de)	пірог (м)	[pi'rɔh]
vulling (de)	начынка (ж)	[na'tʃɪŋka]
confituur (de)	варэнне (н)	[va'rɛŋɛ]
marmelade (de)	мармелад (м)	[marmɛ'lat]
wafel (de)	вафлі (ж мн)	['vafli]
IJsje (het)	марожанае (н)	[ma'rɔʒanaɛ]

40. Bereide gerechten

gerecht (het)	страва (ж)	['strava]
keuken (bijv. Franse ~)	кухня (ж)	['kuhɲa]
recept (het)	рэцэпт (м)	[rɛ'tsɛpt]
portie (de)	порцыя (ж)	['pɔrtsɪja]

salade (de)	салата (ж)	[sa'lata]
soep (de)	суп (м)	[sup]
bouillon (de)	булён (м)	[bu'lɔn]
boterham (de)	бутэрброд (м)	[butɛrb'rɔt]

spiegelei (het)	яечня (ж)	[ja'ɛtʃna]
hamburger (de)	катлета (ж)	[kat'lɛta]
hamburger (de)	гамбургер (м)	['ɣamburɣɛr]
biefstuk (de)	біфштэкс (м)	[bifʃ'tɛks]
hutspot (de)	смажаніна (ж)	[smaʒa'nina]

garnering (de)	гарнір (м)	[ɣar'nir]
spaghetti (de)	спагеці (мн)	[spa'ɣɛtsi]
aardappelpuree (de)	бульбяное пюрэ (н)	[buʎbʲa'nɔɛ py'rɛ]
pizza (de)	піца (ж)	['pitsa]
pap (de)	каша (ж)	['kaʃa]
omelet (de)	амлет (м)	[am'lɛt]

gekookt (in water)	вараны	['varanı]
gerookt (bn)	вэнджаны	['vɛndʒanı]
gebakken (bn)	смажаны	['smaʒanı]
gedroogd (bn)	сушаны	['suʃanı]
diepvries (bn)	замарожаны	[zama'rɔʒanı]
gemarineerd (bn)	марынаваны	[marına'vanı]

zoet (bn)	салодкі	[sa'lɔtki]
gezouten (bn)	салёны	[sa'lɜnı]
koud (bn)	халодны	[ha'lɔdnı]
heet (bn)	гарачы	[ɣa'ratʃı]
bitter (bn)	горкі	['ɣɔrki]
lekker (bn)	смачны	['smatʃnı]

koken (in kokend water)	варыць	[va'rıts]
bereiden (avondmaaltijd ~)	гатаваць	[ɣata'vats]
bakken (ww)	смажыць	['smaʒıts]
opwarmen (ww)	разграваць	[razaɣra'vats]

zouten (ww)	саліць	[sa'lits]
peperen (ww)	перчыць	['pɛrtʃıts]
raspen (ww)	драць	[drats]
schil (de)	лупіна (ж)	[lu'pina]
schillen (ww)	абіраць	[abi'rats]

41. Kruiden

zout (het)	соль (ж)	[sɔʎ]
gezouten (bn)	салёны	[sa'lɜnı]
zouten (ww)	саліць	[sa'lits]

zwarte peper (de)	чорны перац (м)	['tʃɔrnı 'pɛrats]
rode peper (de)	чырвоны перац (м)	[tʃır'vɔnı 'pɛrats]
mosterd (de)	гарчыца (ж)	[ɣar'tʃıtsa]
mierikswortel (de)	хрэн (м)	[hrɛn]

condiment (het)	прыправа (ж)	[prıp'rava]
specerij, kruiderij (de)	духмяная спецыя (ж)	[duh'mʲanaja 'sʲpɛtsıja]
saus (de)	соус (м)	['sɔus]
azijn (de)	воцат (м)	['vɔtsat]
anijs (de)	аніс (м)	[a'nis]

basilicum (de)	базілік (м)	[bazi'lik]
kruidnagel (de)	гваздзіка (ж)	[ɣvazʲ'dzika]
gember (de)	імбір (м)	[im'bir]
koriander (de)	каляндра (ж)	[ka'ʎandra]
kaneel (de/het)	карыца (ж)	[ka'rɪtsa]
sesamzaad (het)	кунжут (м)	[kun'ʒut]
laurierblad (het)	лаўровы ліст (м)	[lau'rɔvɪ 'list]
paprika (de)	папрыка (ж)	['paprɪka]
komijn (de)	кмен (м)	[kmɛn]
saffraan (de)	шафран (м)	[ʃaf'ran]

42. Maaltijden

eten (het)	ежа (ж)	['ɛʒa]
eten (ww)	есці	['ɛsʲtsi]
ontbijt (het)	сняданак (м)	[sʲna'danak]
ontbijten (ww)	снедаць	['sʲnɛdatsʲ]
lunch (de)	абед (м)	[a'bɛt]
lunchen (ww)	абедаць	[a'bɛdatsʲ]
avondeten (het)	вячэра (ж)	[vʲa'ʧɛra]
souperen (ww)	вячэраць	[vʲa'ʧɛratsʲ]
eetlust (de)	апетыт (м)	[apɛ'tɪt]
Eet smakelijk!	Смачна есці!	['smaʧna 'ɛsʲtsi]
openen (een fles ~)	адкрываць	[atkrɪ'vatsʲ]
morsen (koffie, enz.)	разліць	[razʲ'litsʲ]
zijn gemorst	разліцца	[razʲ'litsa]
koken (water kookt bij 100°C)	кіпець	[ki'pɛtsʲ]
koken (Hoe om water te ~)	кіпяціць	[kipʲa'tsitsʲ]
gekookt (~ water)	кіпячоны	[kipʲa'ʧɔnɪ]
afkoelen (koeler maken)	астудзіць	[astu'dzitsʲ]
afkoelen (koeler worden)	астуджвацца	[as'tudʒvatsa]
smaak (de)	смак (м)	['smak]
nasmaak (de)	прысмак (м)	['prɪsmak]
volgen een dieet	худзець	[hu'dzɛtsʲ]
dieet (het)	дыета (ж)	[dɪ'ɛta]
vitamine (de)	вітамін (м)	[wita'min]
calorie (de)	калорыя (ж)	[ka'lɔrɪja]
vegetariër (de)	вегетарыянец (м)	[wɛɣɛtarɪ'janɛts]
vegetarisch (bn)	вегетарыянскі	[wɛɣɛtarɪ'janski]
vetten (mv.)	тлушчы (м мн)	[tluʃ'ʧɪ]
eiwitten (mv.)	бялкі (м мн)	[bʲal'ki]
koolhydraten (mv.)	вугляводы (м мн)	[vuɣʎa'vɔdɪ]
snede (de)	лустачка (ж)	['lustaʧka]
stuk (bijv. een ~ taart)	кавалак (м)	[ka'valak]
kruimel (de)	крошка (ж)	['krɔʃka]

43. Tafelschikking

lepel (de)	лыжка (ж)	['lıʃka]
mes (het)	нож (м)	[nɔʃ]
vork (de)	відэлец (м)	[wi'dɛlɛts]
kopje (het)	кубак (м)	['kubak]
bord (het)	талерка (ж)	[ta'lɛrka]
schoteltje (het)	сподак (м)	['spɔdak]
servet (het)	сурвэтка (ж)	[sur'vɛtka]
tandenstoker (de)	зубачыстка (ж)	[zuba'tʃıstka]

44. Restaurant

restaurant (het)	рэстаран (м)	[rɛsta'ran]
koffiehuis (het)	кавярня (ж)	[ka'vʲarɲa]
bar (de)	бар (м)	[bar]
tearoom (de)	чайны салон (м)	['tʃajnı sa'lɔn]
kelner, ober (de)	афіцыянт (м)	[afitsı'jant]
serveerster (de)	афіцыянтка (ж)	[afitsı'jantka]
barman (de)	бармэн (м)	[bar'mɛn]
menu (het)	меню (н)	[mɛ'ny]
wijnkaart (de)	карта (ж) вінаў	['karta 'winau]
een tafel reserveren	забраніраваць столік	[zabra'niravats 'stɔlik]
gerecht (het)	страва (ж)	['strava]
bestellen (eten ~)	заказаць	[zaka'zats]
een bestelling maken	зрабіць заказ	[zra'bidzʲ za'kas]
aperitief (de/het)	аперытыў (м)	[apɛrı'tıu]
voorgerecht (het)	закуска (ж)	[za'kuska]
dessert (het)	дэсерт (м)	[dɛ'sɛrt]
rekening (de)	рахунак (м)	[ra'hunak]
de rekening betalen	аплаціць рахунак	[apla'tsits ra'hunak]
wisselgeld teruggeven	даць рэшту	['dats 'rɛʃtu]
fooi (de)	чаявыя (мн)	[tʃaja'vıja]

Familie, verwanten en vrienden

45. Persoonlijke informatie. Formulieren

naam (de)	імя (н)	[iˈmʲa]
achternaam (de)	прозвішча (н)	[ˈprɔzʲwiʃtʃa]
geboortedatum (de)	дата (ж) нараджэння	[ˈdata naraˈdʒɛnja]
geboorteplaats (de)	месца (н) нараджэння	[ˈmɛstsa naraˈdʒɛnja]
nationaliteit (de)	нацыянальнасць (ж)	[natsɪjaˈnaʎnasʲts]
woonplaats (de)	месца (н) жыхарства	[ˈmɛstsa ʒɪˈharstva]
land (het)	краіна (ж)	[kraˈina]
beroep (het)	прафесія (ж)	[praˈfɛsija]
geslacht (ov. het vrouwelijk ~)	пол (м)	[pɔl]
lengte (de)	рост (м)	[rɔst]
gewicht (het)	вага (ж)	[vaˈɣa]

46. Familieleden. Verwanten

moeder (de)	маці (ж)	[ˈmatsi]
vader (de)	бацька (м)	[ˈbatska]
zoon (de)	сын (м)	[sɪn]
dochter (de)	дачка (ж)	[datʃˈka]
jongste dochter (de)	малодшая дачка (ж)	[maˈlɔtʃaja datʃˈka]
jongste zoon (de)	малодшы сын (м)	[maˈlɔtʃɪ ˈsɪn]
oudste dochter (de)	старэйшая дачка (ж)	[staˈrɛjʃaja datʃˈka]
oudste zoon (de)	старэйшы сын (м)	[staˈrɛjʃɪ ˈsɪn]
broer (de)	брат (м)	[brat]
zuster (de)	сястра (ж)	[sʲastˈra]
neef (zoon van oom/tante)	стрыечны брат (м)	[strɪˈɛtʃnɪ ˈbrat]
nicht (dochter van oom/tante)	стрыечная сястра (ж)	[strɪˈɛtʃnaja sʲastˈra]
mama (de)	мама (ж)	[ˈmama]
papa (de)	тата (м)	[ˈtata]
ouders (mv.)	бацькі (мн)	[batsˈki]
kind (het)	дзіця (н)	[dziˈtsʲa]
kinderen (mv.)	дзеці (н мн)	[ˈdzɛtsi]
oma (de)	бабуля (ж)	[baˈbuʎa]
opa (de)	дзядуля (м)	[dzʲaˈduʎa]
kleinzoon (de)	унук (м)	[uˈnuk]
kleindochter (de)	унучка (ж)	[uˈnutʃka]
kleinkinderen (mv.)	унукі (м мн)	[uˈnuki]
oom (de)	дзядзька (м)	[ˈdzʲatska]

tante (de)	цётка (ж)	['tsɔtka]
neef (zoon van broer/zus)	пляменнік (м)	[pʎa'mɛnik]
nicht (dochter van broer/zus)	пляменніца (ж)	[pʎa'mɛnitsa]

schoonmoeder (de)	цешча (ж)	['tsɛʃtʃa]
schoonvader (de)	свёкар (м)	['sʲwɔkar]
schoonzoon (de)	зяць (м)	[zʲatsʲ]
stiefmoeder (de)	мачаха (ж)	['matʃaha]
stiefvader (de)	айчым (м)	[aj'tʃɪm]

zuigeling (de)	грудное дзіця (н)	[ɣrud'nɔɛ dzi'tsʲa]
wiegenkind (het)	немаўля (н)	[nɛmau'ʎa]
kleuter (de)	малыш (м)	[ma'lɪʃ]

vrouw (de)	жонка (ж)	['ʒɔŋka]
man (de)	муж (м)	[muʃ]
echtgenoot (de)	муж (м)	[muʃ]
echtgenote (de)	жонка (ж)	['ʒɔŋka]

gehuwd (mann.)	жанаты	[ʒa'natɪ]
gehuwd (vrouw.)	замужняя	[za'muʒnaja]
ongehuwd (mann.)	халасты	[halas'tɪ]
vrijgezel (de)	халасцяк (м)	[halasʲ'tsʲak]
gescheiden (bn)	разведзены	[razʲ'wɛdzɛnɪ]
weduwe (de)	удава (ж)	[u'dava]
weduwnaar (de)	удавец (м)	[uda'wɛts]

familielid (het)	сваяк (м)	[sva'jak]
dichte familielid (het)	блізкі сваяк (м)	['bliski sva'jak]
verre familielid (het)	далёкі сваяк (м)	[da'lɔki sva'jak]
familieleden (mv.)	сваякі (м мн)	[svaja'ki]

wees (de), weeskind (het)	сірата (м, ж)	[sira'ta]
voogd (de)	апякун (м)	[apʲa'kun]
adopteren (een jongen te ~)	усынавіць	[usɪna'witsʲ]
adopteren (een meisje te ~)	удачарыць	[udatʃa'rɪtsʲ]

Geneeskunde

47. Ziekten

ziekte (de)	хвароба (ж)	[hva'rɔba]
ziek zijn (ww)	хварэць	[hva'rɛts]
gezondheid (de)	здароўе (н)	[zda'rouɛ]

snotneus (de)	насмарк (м)	['nasmark]
angina (de)	ангіна (ж)	[a'ɲina]
verkoudheid (de)	прастуда (ж)	[pras'tuda]
verkouden raken (ww)	прастудзіцца	[prastu'dzitsa]

bronchitis (de)	бранхіт (м)	[bran'hit]
longontsteking (de)	запаленне (н) лёгкіх	[zapa'lɛɲɛ 'lɜhkih]
griep (de)	грып (м)	[ɣrɪp]

bijziend (bn)	блізарукі	[bliza'ruki]
verziend (bn)	дальназоркі	[daʎna'zɔrki]
scheelheid (de)	касавокасць (ж)	[kasa'vɔkasʲts]
scheel (bn)	касавокі	[kasa'vɔki]
grauwe staar (de)	катаракта (ж)	[kata'rakta]
glaucoom (het)	глаўкома (ж)	[ɣlau'kɔma]

beroerte (de)	інсульт (м)	[in'suʎt]
hartinfarct (het)	інфаркт (м)	[in'farkt]
myocardiaal infarct (het)	інфаркт (м) міякарда	[in'farkt mija'karda]
verlamming (de)	параліч (м)	[para'litʃ]
verlammen (ww)	паралізаваць	[paraliza'vats]

allergie (de)	алергія (ж)	[alɛr'ɣija]
astma (de/het)	астма (ж)	['astma]
diabetes (de)	дыябет (м)	[dɪja'bɛt]

tandpijn (de)	зубны боль (м)	[zub'nɪ 'bɔʎ]
tandbederf (het)	карыес (м)	['karɪɛs]

diarree (de)	дыярэя (ж)	[dɪja'rɛja]
constipatie (de)	запор (м)	[za'pɔr]
maagstoornis (de)	расстройства (н) страўніка	[rast'rɔjstva 'straunika]
voedselvergiftiging (de)	атручванне (н)	[at'rutʃvaɲɛ]
voedselvergiftiging oplopen	атруціцца	[atru'tsitsa]

artritis (de)	артрыт (м)	[art'rɪt]
rachitis (de)	рахіт (м)	[ra'hit]
reuma (het)	рэўматызм (м)	[rɛuma'tɪzm]
arteriosclerose (de)	атэрасклероз (м)	[atɛrasklɛ'rɔs]

gastritis (de)	гастрыт (м)	[ɣast'rɪt]
blindedarmontsteking (de)	апендыцыт (м)	[apɛndɪ'tsɪt]

galblaasontsteking (de)	халецыстыт (м)	[halɛtsɪs'tɪt]
zweer (de)	язва (ж)	['jazva]

mazelen (mv.)	адзёр (м)	[a'dzɜr]
rodehond (de)	краснуха (ж)	[kras'nuha]
geelzucht (de)	жаўтуха (ж)	[ʒau'tuha]
leverontsteking (de)	гепатыт (м)	[ɣɛpa'tɪt]

schizofrenie (de)	шызафрэнія (ж)	[ʃɪzafrɛ'nija]
dolheid (de)	шаленства (н)	[ʃa'lɛnstva]
neurose (de)	неўроз (м)	[nɛu'rɔs]
hersenschudding (de)	страсенне (н) мазгоў	[stra'sɛɲɛ mazɣ'ɔu]

kanker (de)	рак (м)	[rak]
sclerose (de)	склероз (м)	[sklɛ'rɔs]
multiple sclerose (de)	рассеяны склероз (м)	[ras'sɛjanɪ sklɛ'rɔs]

alcoholisme (het)	алкагалізм (м)	[alkaɣa'lizm]
alcoholicus (de)	алкаголік (м)	[alka'ɣɔlik]
syfilis (de)	сіфіліс (м)	['sifilis]
AIDS (de)	СНІД (м)	[sʲnit]

tumor (de)	пухліна (ж)	[puh'lina]
kwaadaardig (bn)	злаякасная	[zla'jakasnaja]
goedaardig (bn)	дабраякасная	[dabra'jakasnaja]

koorts (de)	ліхаманка (ж)	[liha'maŋka]
malaria (de)	малярыя (ж)	[maʎa'rɪja]
gangreen (het)	гангрэна (ж)	[ɣaŋ'rɛna]
zeeziekte (de)	марская хвароба (ж)	[mars'kaja hva'rɔba]
epilepsie (de)	эпілепсія (ж)	[ɛpi'lɛpsija]

epidemie (de)	эпідэмія (ж)	[ɛpi'dɛmija]
tyfus (de)	тыф (м)	[tɪf]
tuberculose (de)	сухоты (мн)	[su'hotɪ]
cholera (de)	халера (ж)	[ha'lɛra]
pest (de)	чума (ж)	[tʃu'ma]

48. Symptomen. Behandelingen. Deel 1

symptoom (het)	сімптом (м)	[simp'tɔm]
temperatuur (de)	тэмпература (ж)	[tɛmpɛra'tura]
verhoogde temperatuur (de)	высокая тэмпература (ж)	[vɪ'sɔkaja tɛmpɛra'tura]
polsslag (de)	пульс (м)	[puʎs]

duizeling (de)	галавакружэнне (н)	[ɣalavak'ruʒɛɲɛ]
heet (erg warm)	гарачы	[ɣa'ratʃɪ]
koude rillingen (mv.)	дрыжыкі (мн)	['drɪʒɪki]
bleek (bn)	бледны	['blɛdnɪ]

hoest (de)	кашаль (м)	['kaʃaʎ]
hoesten (ww)	кашляць	['kaʃʎatsʲ]
niezen (ww)	чхаць	[tʃhatsʲ]
flauwte (de)	непрытомнасць (ж)	[nɛprɪ'tɔmnasʲtsʲ]

flauwvallen (ww)	страціць прытомнасць	['stratsitsʲ prɪ'tɔmnasʲtsʲ]
blauwe plek (de)	сіняк (м)	[sʲi'ɲak]
buil (de)	гуз (м)	[ɣus]
zich stoten (ww)	стукнуцца	['stuknutsa]
kneuzing (de)	выцятае месца (н)	['vɪtsʲataɛ 'mɛstsa]
kneuzen (gekneusd zijn)	выцяцца	['vɪtsʲatsa]

hinken (ww)	кульгаць	[kuʎ'ɣatsʲ]
verstuiking (de)	звіх (м)	[zʲwih]
verstuiken (enkel, enz.)	звіхнуць	[zʲwih'nutsʲ]
breuk (de)	пералом (м)	[pɛra'lɔm]
een breuk oplopen	атрымаць пералом	[atrɪ'matsʲ pɛra'lɔm]

snijwond (de)	парэз (м)	[pa'rɛs]
zich snijden (ww)	парэзацца	[pa'rɛzatsa]
bloeding (de)	крывацёк (м)	[krɪva'tsɜk]

| brandwond (de) | апёк (м) | [a'pɜk] |
| zich branden (ww) | апячыся | [apʲa'tʃɪsʲa] |

prikken (ww)	укалоць	[uka'lɔtsʲ]
zich prikken (ww)	укалоцца	[uka'lɔtsa]
blesseren (ww)	пашкодзіць	[paʃ'kɔdzitsʲ]
blessure (letsel)	пашкоджанне (н)	[paʃ'kɔdʒaɲɛ]
wond (de)	рана (ж)	['rana]
trauma (het)	траўма (ж)	['trauma]

IJlen (ww)	трызніць	['trɪzʲnitsʲ]
stotteren (ww)	заікацца	[zai'katsa]
zonnesteek (de)	сонечны ўдар (м)	['sɔnɛtʃnɪ u'dar]

49. Symptomen. Behandelingen. Deel 2

| pijn (de) | боль (м) | [bɔʎ] |
| splinter (de) | стрэмка (ж) | ['strɛmka] |

zweet (het)	пот (м)	[pɔt]
zweten (ww)	пацець	[pa'tsɛtsʲ]
braking (de)	ваніты (мн)	[va'nitɪ]
stuiptrekkingen (mv.)	сутаргі (ж мн)	['sutarɣi]

zwanger (bn)	цяжарная	[tsʲa'ʒarnaja]
geboren worden (ww)	нарадзіцца	[nara'dzitsa]
geboorte (de)	роды (мн)	['rɔdɪ]
baren (ww)	нараджаць	[nara'dʒatsʲ]
abortus (de)	аборт (м)	[a'bɔrt]

ademhaling (de)	дыханне (н)	[dɪ'haɲɛ]
inademing (de)	удых (м)	[u'dɪh]
uitademing (de)	выдых (м)	['vɪdɪh]
uitademen (ww)	выдыхнуць	['vɪdɪhnutsʲ]
inademen (ww)	зрабіць удых	[zra'bitsʲ u'dɪh]
invalide (de)	інвалід (м)	[inva'lit]
gehandicapte (de)	калека (м, ж)	[ka'lɛka]

T&P Books. Thematische woordenschat Nederlands-Wit-Russisch - 5000 woorden

drugsverslaafde (de)	наркаман (м)	[narka'man]
doof (bn)	глухі	[ɣlu'hi]
stom (bn)	нямы	[ɲa'mɪ]
doofstom (bn)	глуханямы	[ɣluhaɲa'mɪ]

krankzinnig (bn)	звар'яцелы	[zvarʰja'tsɛlɪ]
krankzinnige (man)	вар'ят (м)	[varʰ'jat]
krankzinnige (vrouw)	вар'ятка (ж)	[varʰ'jatka]
krankzinnig worden	звар'яцець	[zvarʰja'tsɛts]

gen (het)	ген (м)	[ɣɛn]
immuniteit (de)	імунітэт (м)	[imuni'tɛt]
erfelijk (bn)	спадчынны	['spatʃɪɳɪ]
aangeboren (bn)	прыроджаны	[prɪ'rɔdʒanɪ]

virus (het)	вірус (м)	['wirus]
microbe (de)	мікроб (м)	[mik'rɔp]
bacterie (de)	бактэрыя (ж)	[bak'tɛrɪja]
infectie (de)	інфекцыя (ж)	[in'fɛktsɪja]

50. Symptomen. Behandelingen. Deel 3

| ziekenhuis (het) | бальніца (ж) | [baʎ'nitsa] |
| patiënt (de) | пацыент (м) | [patsɪ'ɛnt] |

diagnose (de)	дыягназ (м)	[dɪ'jaɣnas]
genezing (de)	лячэнне (н)	[ʎa'tʃɛŋɛ]
onder behandeling zijn	лячыцца	[ʎa'tʃɪtsa]
behandelen (ww)	лячыць	[ʎa'tʃɪts]
zorgen (zieken ~)	даглядаць	[daɣʎa'dats]
ziekenzorg (de)	догляд (м)	['dɔɣʎat]

operatie (de)	аперацыя (ж)	[apɛ'ratsɪja]
verbinden (een arm ~)	перавязаць	[pɛravʲa'zats]
verband (het)	перавязанне (н)	[pɛra'vʲazvaŋɛ]

vaccin (het)	прышчэпка (ж)	[prɪʃ'tʃɛpka]
inenten (vaccineren)	рабіць прышчэпку	[ra'bits prɪʃ'tʃɛpku]
injectie (de)	укол (м)	[u'kɔl]
een injectie geven	рабіць укол	[ra'bits u'kɔl]

amputatie (de)	ампутацыя (ж)	[ampu'tatsɪja]
amputeren (ww)	ампутаваць	[amputa'vats]
coma (het)	кома (ж)	['kɔma]
in coma liggen	быць у коме	['bɪts u 'kɔmɛ]
intensieve zorg, ICU (de)	рэанімацыя (ж)	[rɛani'matsɪja]

zich herstellen (ww)	папраўляцца	[paprau'ʎatsa]
toestand (de)	стан (м)	[stan]
bewustzijn (het)	прытомнасць (ж)	[prɪ'tɔmnasʲts]
geheugen (het)	памяць (ж)	['pamʲats]

| trekken (een kies ~) | вырываць | [vɪrɪ'vats] |
| vulling (de) | пломба (ж) | ['plɔmba] |

51

vullen (ww)	пламбіраваць	[plambira'vats]
hypnose (de)	гіпноз (м)	[ɣip'nɔs]
hypnotiseren (ww)	гіпнатызаваць	[ɣipnatıza'vats]

51. Artsen

dokter, arts (de)	урач (м)	[u'ratʃ]
ziekenzuster (de)	медсястра (ж)	[mɛtsʲast'ra]
lijfarts (de)	асабісты ўрач (м)	[asa'bistı u'ratʃ]

tandarts (de)	дантыст (м)	[dan'tıst]
oogarts (de)	акуліст (м)	[aku'list]
therapeut (de)	тэрапеўт (м)	[tɛra'pɛut]
chirurg (de)	хірург (м)	[hi'rurh]

psychiater (de)	псіхіятр (м)	[psihi'jatr]
pediater (de)	педыятр (м)	[pɛdı'jatr]
psycholoog (de)	псіхолаг (м)	[psi'hɔlah]
gynaecoloog (de)	гінеколаг (м)	[ɣinɛ'kɔlah]
cardioloog (de)	кардыёлаг (м)	[kardıɜlah]

52. Geneeskunde. Medicijnen. Accessoires

geneesmiddel (het)	лякарства (н)	[ʎa'karstva]
middel (het)	сродак (м)	['srɔdak]
voorschrijven (ww)	прапісаць	[prapi'sats]
recept (het)	рэцэпт (м)	[rɛ'tsɛpt]

tablet (de/het)	таблетка (ж)	[tab'lɛtka]
zalf (de)	мазь (ж)	[masʲ]
ampul (de)	ампула (ж)	['ampula]
drank (de)	мікстура (ж)	[miks'tura]
siroop (de)	сіроп (м)	[si'rɔp]
pil (de)	пілюля (ж)	[pi'lyʎa]
poeder (de/het)	парашок (м)	[para'ʃɔk]

verband (het)	бінт (м)	[bint]
watten (mv.)	вата (ж)	['vata]
jodium (het)	ёд (м)	[ɜt]
pleister (de)	лейкапластыр (м)	[lɛjkap'lastır]
pipet (de)	піпетка (ж)	[pi'pɛtka]
thermometer (de)	градуснік (м)	['ɣradusʲnik]
spuit (de)	шпрыц (м)	[ʃprıts]

| rolstoel (de) | каляска (ж) | [ka'ʎaska] |
| krukken (mv.) | мыліцы (ж мн) | ['mılitsı] |

pijnstiller (de)	абязбольвальнае (н)	[abʲaz'bɔʎvaʎnaɛ]
laxeermiddel (het)	слабіцельнае (н)	[sla'bitsɛʎnaɛ]
spiritus (de)	спірт (м)	[sʲpirt]
medicinale kruiden (mv.)	трава (ж)	[tra'va]
kruiden- (abn)	травяны	[travʲa'nı]

HET MENSELIJKE LEEFGEBIED

Stad

53. Stad. Het leven in de stad

stad (de)	горад (м)	['ɣɔrat]
hoofdstad (de)	сталіца (ж)	[sta'litsa]
dorp (het)	вёска (ж)	['wɜska]
plattegrond (de)	план (м) горада	[plan 'ɣɔrada]
centrum (ov. een stad)	цэнтр (м) горада	[tsɛntr 'ɣɔrada]
voorstad (de)	прыгарад (м)	['prıɣarat]
voorstads- (abn)	прыгарадны	['prıɣaradnı]
randgemeente (de)	ускраіна (ж)	[usk'raina]
omgeving (de)	наваколле (н)	[nava'kɔllɛ]
blok (huizenblok)	квартал (м)	[kvar'tal]
woonwijk (de)	жылы квартал (м)	[ʒı'lı kvar'tal]
verkeer (het)	рух (м)	[ruh]
verkeerslicht (het)	святлафор (м)	[sʲvʲatla'fɔr]
openbaar vervoer (het)	гарадскі транспарт (м)	[ɣarats'ki 'transpart]
kruispunt (het)	скрыжаванне (н)	[skrıʒa'vanɛ]
zebrapad (oversteekplaats)	пераход (м)	[pɛra'hɔt]
onderdoorgang (de)	падземны пераход (м)	[pa'dzɛmnı pɛra'hɔt]
oversteken (de straat ~)	пераходзіць	[pɛra'hɔdzits]
voetganger (de)	пешаход (м)	[pɛʃa'hɔt]
trottoir (het)	ходнік (м)	['hɔdnik]
brug (de)	мост (м)	[mɔst]
dijk (de)	набярэжная (ж)	[nabʲa'rɛʒnaja]
fontein (de)	фантан (м)	[fan'tan]
allee (de)	алея (ж)	[a'lɛja]
park (het)	парк (м)	[park]
boulevard (de)	бульвар (м)	[buʎ'var]
plein (het)	плошча (ж)	['plɔʃtʃa]
laan (de)	праспект (м)	[prasʲ'pɛkt]
straat (de)	вуліца (ж)	['vulitsa]
zijstraat (de)	завулак (м)	[za'vulak]
doodlopende straat (de)	тупік (м)	[tu'pik]
huis (het)	дом (м)	[dɔm]
gebouw (het)	будынак (м)	[bu'dınak]
wolkenkrabber (de)	хмарачос (м)	[hmara'tʃɔs]
gevel (de)	фасад (м)	[fa'sat]
dak (het)	дах (м)	[dah]

venster (het)	акно (н)	[ak'nɔ]
boog (de)	арка (ж)	['arka]
pilaar (de)	калона (ж)	[ka'lɔna]
hoek (ov. een gebouw)	рог (м)	[rɔh]

vitrine (de)	вітрына (ж)	[wit'rɪna]
gevelreclame (de)	шыльда (ж)	['ʃɪʎda]
affiche (de/het)	афіша (ж)	[a'fiʃa]
reclameposter (de)	рэкламны плакат (м)	[rɛk'lamnɪ pla'kat]
aanplakbord (het)	рэкламны шчыт (м)	[rɛk'lamnɪ ʃtʃɪt]

vuilnis (de/het)	смецце (н)	['sʲmɛtsɛ]
vuilnisbak (de)	урна (ж)	['urna]
afval weggooien (ww)	насмечваць	[nasʲ'mɛtʃvatsʲ]
stortplaats (de)	сметнік (м)	['sʲmɛtnik]

telefooncel (de)	тэлефонная будка (ж)	[tɛlɛ'fɔŋaja 'butka]
straatlicht (het)	ліхтарны слуп (м)	[lih'tarnɪ 'slup]
bank (de)	лаўка (ж)	['lauka]

politieagent (de)	паліцэйскі (м)	[pali'tsɛjski]
politie (de)	паліцыя (ж)	[pa'litsɪja]
zwerver (de)	жабрак (м)	[ʒab'rak]
dakloze (de)	беспрытульны (м)	[bɛsprɪ'tuʎnɪ]

54. Stedelijke instellingen

winkel (de)	крама (ж)	['krama]
apotheek (de)	аптэка (ж)	[ap'tɛka]
optiek (de)	оптыка (ж)	['ɔptɪka]
winkelcentrum (het)	гандлёвы цэнтр (м)	[ɣand'lʲɔvɪ 'tsɛntr]
supermarkt (de)	супермаркет (м)	[supɛr'markɛt]

bakkerij (de)	булачная (ж)	['bulatʃnaja]
bakker (de)	пекар (м)	['pɛkar]
banketbakkerij (de)	кандытарская (ж)	[kan'dɪtarskaja]
kruidenier (de)	бакалея (ж)	[baka'lɛja]
slagerij (de)	мясная крама (ж)	[mʲas'naja 'krama]

| groentewinkel (de) | крама (ж) гароднiны | ['krama ɣa'rɔdninɪ] |
| markt (de) | рынак (м) | ['rɪnak] |

koffiehuis (het)	кавярня (ж)	[ka'vʲarɲa]
restaurant (het)	рэстаран (м)	[rɛsta'ran]
bar (de)	піўная (ж)	[piu'naja]
pizzeria (de)	піцэрыя (ж)	[pi'tsɛrɪja]

kapperssalon (de/het)	цырульня (ж)	[tsɪ'ruʎɲa]
postkantoor (het)	пошта (ж)	['pɔʃta]
stomerij (de)	хімчыстка (ж)	[him'tʃɪstka]
fotostudio (de)	фотаатэлье (н)	[fɔta:tɛ'ʎjɛ]

| schoenwinkel (de) | абуткавая крама (ж) | [abut'kɔvaja 'krama] |
| boekhandel (de) | кнігарня (ж) | [kni'ɣarɲa] |

sportwinkel (de)	спартыўная крама (ж)	[spar'tıunaja 'krama]
kledingreparatie (de)	рамонт (м) адзення	[ra'mɔnt a'dzɛnja]
kledingverhuur (de)	пракат (м) адзення	[pra'kat a'dzɛnja]
videotheek (de)	пракат (м) фільмаў	[pra'kat 'fiʎmau]
circus (de/het)	цырк (м)	[tsırk]
dierentuin (de)	заапарк (м)	[zaː'park]
bioscoop (de)	кінатэатр (м)	[kinatɛ'atr]
museum (het)	музей (м)	[mu'zɛj]
bibliotheek (de)	бібліятэка (ж)	[biblija'tɛka]
theater (het)	тэатр (м)	[tɛ'atr]
opera (de)	опера (ж)	['ɔpɛra]
nachtclub (de)	начны клуб (м)	[natʃ'nı 'klup]
casino (het)	казіно (н)	[kazi'nɔ]
moskee (de)	мячэць (ж)	[mʲa'tʃɛts]
synagoge (de)	сінагога (ж)	[sina'ɣɔɣa]
kathedraal (de)	сабор (м)	[sa'bɔr]
tempel (de)	храм (м)	[hram]
kerk (de)	царква (ж)	[tsark'va]
instituut (het)	інстытут (м)	[instı'tut]
universiteit (de)	універсітэт (м)	[uniwɛrsi'tɛt]
school (de)	школа (ж)	['ʃkɔla]
gemeentehuis (het)	прэфектура (ж)	[prɛfɛk'tura]
stadhuis (het)	мэрыя (ж)	['mɛrıja]
hotel (het)	гасцініца (ж)	[ɣasʲ'tsinitsa]
bank (de)	банк (м)	[baŋk]
ambassade (de)	пасольства (н)	[pa'sɔʎstva]
reisbureau (het)	турагенцтва (н)	[tura'ɣɛntstva]
informatieloket (het)	бюро (н) даведак	[by'rɔ da'wɛdak]
wisselkantoor (het)	абменны пункт (м)	[ab'mɛnı 'puŋkt]
metro (de)	метро (н)	[mɛt'rɔ]
ziekenhuis (het)	бальніца (ж)	[baʎ'nitsa]
benzinestation (het)	бензазапраўка (ж)	[bɛnzazap'rauka]
parking (de)	стаянка (ж)	[sta'jaŋka]

55. Borden

gevelreclame (de)	шыльда (ж)	['ʃıʎda]
opschrift (het)	надпіс (м)	['natpis]
poster (de)	плакат (м)	[pla'kat]
wegwijzer (de)	паказальнік (м)	[paka'zaʎnik]
pijl (de)	стрэлка (ж)	['strɛlka]
waarschuwing (verwittiging)	перасцярога (ж)	[pɛrasʲtsʲa'rɔɣa]
waarschuwingsbord (het)	папярэджанне (н)	[papʲa'rɛdʒanʲɛ]
waarschuwen (ww)	папярэджваць	[papʲa'rɛdʒvatsʲ]
vrije dag (de)	выхадны дзень (м)	[vıhad'nı 'dzɛɲ]

dienstregeling (de)   расклад (м)   [rask'lat]
openingsuren (mv.)   гадзіны (ж мн) працы   [ɣa'dzinɪ 'pratsɪ]

WELKOM!   САРДЭЧНА ЗАПРАШАЕМ!   [sar'dɛtʃna zapra'ʃaɛm]
INGANG   УВАХОД   [uva'hɔt]
UITGANG   ВЫХАД   ['vɪhat]

DUWEN   АД СЯБЕ   [at sʲa'bɛ]
TREKKEN   НА СЯБЕ   [na sʲa'bɛ]
OPEN   АДЧЫНЕНА   [a'tʃɪnɛna]
GESLOTEN   ЗАЧЫНЕНА   [za'tʃɪnɛna]

DAMES   ДЛЯ ЖАНЧЫН   [dʎa ʒan'tʃɪn]
HEREN   ДЛЯ МУЖЧЫН   [dʎa muʃ'tʃɪn]

KORTING   СКІДКІ   ['skitki]
UITVERKOOP   РАСПРОДАЖ   [rasp'rɔdaʃ]
NIEUW!   НАВІНКА!   [na'wiŋka]
GRATIS   БЯСПЛАТНА   [bʲasp'latna]

PAS OP!   УВАГА!   [u'vaɣa]
VOLGEBOEKT   МЕСЦАЎ НЯМА   ['mɛstsau ɲa'ma]
GERESERVEERD   ЗАРЭЗЕРВАВАНА   [zarɛzɛrva'vana]

ADMINISTRATIE   АДМІНІСТРАЦЫЯ   [administ'ratsɪja]
ALLEEN VOOR PERSONEEL   ТОЛЬКІ ДЛЯ ПЕРСАНАЛУ   ['tɔʎki dʎa pɛrsa'nalu]

GEVAARLIJKE HOND   ЗЛЫ САБАКА   [zlɪ sa'baka]
VERBODEN TE ROKEN!   НЕ КУРЫЦЬ!   [nɛ ku'rɪts]
NIET AANRAKEN!   РУКАМІ НЕ КРАНАЦЬ!   [ru'kami nɛ kra'nats]

GEVAARLIJK   НЕБЯСПЕЧНА   [nɛbʲasʲ'pɛtʃna]
GEVAAR   НЕБЯСПЕКА   [nɛbʲasʲ'pɛka]
HOOGSPANNING   ВЫСОКАЕ НАПРУЖАННЕ   [vɪ'sɔkaɛ nap'ruʒaɲɛ]
VERBODEN TE ZWEMMEN   КУПАЦЦА ЗАБАРОНЕНА   [ku'patsa zaba'rɔnɛna]
BUITEN GEBRUIK   НЕ ПРАЦУЕ   [nɛ pra'tsuɛ]

ONTVLAMBAAR VERBODEN   ВОГНЕНЕБЯСПЕЧНА ЗАБАРОНЕНА   [vɔɣnɛnɛbʲasʲ'pɛtʃna] [zaba'rɔnɛna]
DOORGANG VERBODEN   ПРАХОД ЗАБАРОНЕНЫ   [pra'hɔd zaba'rɔnɛnɪ]
OPGELET PAS GEVERFD   ПАФАРБАВАНА   [pafarba'vana]

56. Stedelijk vervoer

bus, autobus (de)   аўтобус (м)   [au'tɔbus]
tram (de)   трамвай (м)   [tram'vaj]
trolleybus (de)   тралейбус (м)   [tra'lɛjbus]
route (de)   маршрут (м)   [marʃ'rut]
nummer (busnummer, enz.)   нумар (м)   ['numar]

rijden met ...   ехаць на ...   ['ɛhats na]
stappen (in de bus ~)   сесці   ['sɛsʲtsi]
afstappen (ww)   сысці   [sɪsʲ'tsi]

halte (de)	прыпынак (м)	[prɪ'pɪnak]
volgende halte (de)	наступны прыпынак (м)	[nas'tupnɪ prɪ'pɪnak]
eindpunt (het)	канцавы прыпынак (м)	[kantsa'vɪ prɪ'pɪnak]
dienstregeling (de)	расклад (м)	[rask'lat]
wachten (ww)	чакаць	[tʃa'kats]
kaartje (het)	білет (м)	[bi'lɛt]
reiskosten (de)	кошт (м) білета	['kɔʒd bi'lɛta]
kassier (de)	касір (м)	[ka'sir]
kaartcontrole (de)	кантроль (м)	[kant'rɔʎ]
controleur (de)	кантралёр (м)	[kantra'lɜr]
te laat zijn (ww)	спазняцца	[spazʲ'ɲatsa]
missen (de bus ~)	спазніцца	[spazʲ'nitsa]
zich haasten (ww)	спяшацца	[sʲpʲa'ʃatsa]
taxi (de)	таксі (н)	[tak'si]
taxichauffeur (de)	таксіст (м)	[tak'sist]
met de taxi (bw)	на таксі	[na tak'si]
taxistandplaats (de)	стаянка (ж) таксі	[sta'jaŋka tak'si]
een taxi bestellen	выклікаць таксі	['vɪklikats tak'si]
een taxi nemen	узяць таксі	[u'zʲats tak'si]
verkeer (het)	вулічны рух (м)	['vulitʃnɪ 'ruh]
file (de)	затор (м)	[za'tɔr]
spitsuur (het)	час (м) пік	['tʃasʲ 'pik]
parkeren (on.ww.)	паркавацца	[parka'vatsa]
parkeren (ov.ww.)	паркаваць	[parka'vats]
parking (de)	стаянка (ж)	[sta'jaŋka]
metro (de)	метро (н)	[mɛt'rɔ]
halto (bijv. kleine treinhalte)	станцыя (ж)	['stantsɪja]
de metro nemen	ехаць на метро	['ɛhats na mɛt'rɔ]
trein (de)	цягнік (м)	[tsʲaɣ'nik]
station (treinstation)	вакзал (м)	[vaɣ'zal]

57. Bezienswaardigheden

monument (het)	помнік (м)	['pɔmnik]
vesting (de)	крэпасць (ж)	['krɛpasʲts]
paleis (het)	палац (м)	[pa'lats]
kasteel (het)	замак (м)	['zamak]
toren (de)	вежа (ж)	['wɛʒa]
mausoleum (het)	маўзалей (м)	[mauza'lɛj]
architectuur (de)	архітэктура (ж)	[arhitɛk'tura]
middeleeuws (bn)	сярэднявековы	[sʲarɛdnɛvʲa'kovɪ]
oud (bn)	старадаўні	[stara'dauni]
nationaal (bn)	нацыянальны	[natsɪja'naʎnɪ]
bekend (bn)	вядомы	[vʲa'dɔmɪ]
toerist (de)	турыст (м)	[tu'rɪst]
gids (de)	гід (м)	[ɣit]

rondleiding (de)	экскурсія (ж)	[ɛks'kursija]
tonen (ww)	паказваць	[pa'kazvats]
vertellen (ww)	апавядаць	[apavʲa'dats]
vinden (ww)	знайсці	[znajsʲ'tsi]
verdwalen (de weg kwijt zijn)	згубіцца	[zɣu'bitsa]
plattegrond (~ van de metro)	схема (ж)	['shɛma]
plattegrond (~ van de stad)	план (м)	[plan]
souvenir (het)	сувенір (м)	[suwɛ'nir]
souvenirwinkel (de)	крама (ж) сувеніраў	['krama suwɛ'nirau]
een foto maken (ww)	фатаграфаваць	[fataɣrafa'vats]
zich laten fotograferen	фатаграфавацца	[fataɣrafa'vatsa]

58. Winkelen

kopen (ww)	купляць	[kup'ʎats]
aankoop (de)	пакупка (ж)	[pa'kupka]
winkelen (ww)	рабіць закупы	[ra'bidzʲ 'zakupı]
winkelen (het)	шопінг (м)	['ʃɔpinh]
open zijn (ov. een winkel, enz.)	працаваць	[pratsa'vats]
gesloten zijn (ww)	зачыніцца	[zatʃı'nitsa]
schoeisel (het)	абутак (м)	[a'butak]
kleren (mv.)	адзенне (н)	[a'dzɛɲɛ]
cosmetica (de)	касметыка (ж)	[kasʲ'mɛtıka]
voedingswaren (mv.)	прадукты (м мн)	[pra'duktı]
geschenk (het)	падарунак (м)	[pada'runak]
verkoper (de)	прадавец (м)	[prada'wɛts]
verkoopster (de)	прадаўшчыца (ж)	[pradauʃ'tʃıtsa]
kassa (de)	каса (ж)	['kasa]
spiegel (de)	люстэрка (н)	[lys'tɛrka]
toonbank (de)	прылавак (м)	[prı'lavak]
paskamer (de)	прымерачная (ж)	[prı'mɛratʃnaja]
aanpassen (ww)	прымераць	[prı'mɛrats]
passen (ov. kleren)	пасаваць	[pasa'vats]
bevallen (prettig vinden)	падабацца	[pada'batsa]
prijs (de)	цана (ж)	[tsa'na]
prijskaartje (het)	цэннік (м)	['tsɛŋik]
kosten (ww)	каштаваць	[kaʃta'vats]
Hoeveel?	Колькі?	['kɔʎki]
korting (de)	скідка (ж)	['skitka]
niet duur (bn)	недарагі	[nɛdara'ɣi]
goedkoop (bn)	танны	['taŋı]
duur (bn)	дарагі	[dara'ɣi]
Dat is duur.	Гэта дорага.	['ɣɛta 'dɔraɣa]
verhuur (de)	пракат (м)	[pra'kat]

huren (smoking, enz.)	узяць напракат	[u'zʲats napra'kat]
krediet (het)	крэдыт (м)	[krɛ'dɪt]
op krediet (bw)	у крэдыт	[u krɛ'dɪt]

59. Geld

geld (het)	грошы (мн)	['ɣrɔʃɪ]
ruil (de)	абмен (м)	[ab'mɛn]
koers (de)	курс (м)	[kurs]
geldautomaat (de)	банкамат (м)	[baŋka'mat]
muntstuk (de)	манета (ж)	[ma'nɛta]

| dollar (de) | долар (м) | ['dɔlar] |
| euro (de) | еўра (м) | ['ɛura] |

lire (de)	ліра (ж)	['lira]
Duitse mark (de)	марка (ж)	['marka]
frank (de)	франк (м)	[fraŋk]
pond sterling (het)	фунт (м) стэрлінгаў	['funt 'stɛrliŋau]
yen (de)	іена (ж)	[i'ɛna]

schuld (geldbedrag)	доўг (м)	['dɔuh]
schuldenaar (de)	даўжнік (м)	[dauʒ'nik]
uitlenen (ww)	даць у доўг	['dats u 'dɔuh]
lenen (geld ~)	узяць у доўг	[u'zʲats u 'dɔuh]

bank (de)	банк (м)	[baŋk]
bankrekening (de)	рахунак (м)	[ra'hunak]
op rekening storten	пакласці на рахунак	[pak'lasʲtsi na ra'hunak]
opnemen (ww)	зняць з рахунку	['zʲɲadzʲ z ra'huŋku]

kredietkaart (de)	крэдытная картка (ж)	[krɛ'dɪtnaja 'kartka]
baar geld (het)	гатоўка (ж)	[ɣa'tɔuka]
cheque (de)	чэк (м)	[ʧɛk]
een cheque uitschrijven	выпісаць чэк	['vɪpisats 'ʧɛk]
chequeboekje (het)	чэкавая кніжка (ж)	['ʧɛkavaja 'kniʃka]

portefeuille (de)	бумажнік (м)	[bu'maʒnik]
geldbeugel (de)	кашалёк (м)	[kaʃa'lʲɔk]
portemonnee (de)	партманэт (м)	[partma'nɛt]
safe (de)	сейф (м)	[sɛjf]

erfgenaam (de)	спадчыннік (м)	['spatʧɪnʲik]
erfenis (de)	спадчына (ж)	['spatʧɪna]
fortuin (het)	маёмасць (ж)	[maɜmasʲts]

huur (de)	арэнда (ж)	[a'rɛnda]
huurprijs (de)	кватэрная плата (ж)	[kva'tɛrnaja 'plata]
huren (huis, kamer)	наймаць	[naj'mats]

prijs (de)	цана (ж)	[tsa'na]
kostprijs (de)	кошт (м)	[kɔʃt]
som (de)	сума (ж)	['suma]
uitgeven (geld besteden)	траціць	['tratsits]

kosten (mv.)	выдаткі (м мн)	[vɪ'datki]
bezuinigen (ww)	эканоміць	[ɛka'nɔmitsʲ]
zuinig (bn)	эканомны	[ɛka'nɔmnɪ]

betalen (ww)	плаціць	[pla'tsitsʲ]
betaling (de)	аплата (ж)	[ap'lata]
wisselgeld (het)	рэшта (ж)	['rɛʃta]

belasting (de)	падатак (м)	[pa'datak]
boete (de)	штраф (м)	[ʃtraf]
beboeten (bekeuren)	штрафаваць	[ʃtrafa'vatsʲ]

60. Post. Postkantoor

postkantoor (het)	пошта (ж)	['pɔʃta]
post (de)	пошта (ж)	['pɔʃta]
postbode (de)	пашталь ён (м)	[paʃta'ʎjɔn]
openingsuren (mv.)	гадзіны (ж мн) працы	[ɣa'dzinɪ 'pratsɪ]

brief (de)	ліст (м)	[list]
aangetekende brief (de)	заказны ліст (м)	[zakaz'nɪ 'list]
briefkaart (de)	паштоўка (ж)	[paʃ'tɔuka]
telegram (het)	тэлеграма (ж)	[tɛlɛɣ'rama]
postpakket (het)	пасылка (ж)	[pa'sɪlka]
overschrijving (de)	грашовы перавод (м)	[ɣra'ʃɔvɪ pɛra'vɔt]

ontvangen (ww)	атрымаць	[atrɪ'matsʲ]
sturen (zenden)	адправіць	[atp'rawitsʲ]
verzending (de)	адпраўка (ж)	[atp'rauka]

adres (het)	адрас (м)	['adras]
postcode (de)	індэкс (м)	['indɛks]
verzender (de)	адпраўшчык (м)	[atp'rauʃʧɪk]
ontvanger (de)	атрымальнік (м)	[atrɪ'maʎnik]

| naam (de) | імя (н) | [i'mʲa] |
| achternaam (de) | прозвішча (н) | ['prɔzʲwiʃʧa] |

tarief (het)	тарыф (м)	[ta'rɪf]
standaard (bn)	звычайны	[zvɪ'ʧajnɪ]
zuinig (bn)	эканамічны	[ɛkana'miʧnɪ]

gewicht (het)	вага (ж)	[va'ɣa]
afwegen (op de weegschaal)	узважваць	[uz'vaʒvatsʲ]
envelop (de)	канверт (м)	[kan'wɛrt]
postzegel (de)	марка (ж)	['marka]

Woning. Huis. Thuis

61. Huis. Elektriciteit

elektriciteit (de)	электрычнасць (ж)	[ɛlɛktˈrɨtʃnasʲts]
lamp (de)	лямпачка (ж)	[ˈʎampatʃka]
schakelaar (de)	выключальнік (м)	[vɨklyˈtʃaʎnik]
zekering (de)	пробка (ж)	[ˈprɔpka]
draad (de)	провад (м)	[ˈprɔvat]
bedrading (de)	праводка (ж)	[praˈvɔtka]
elektriciteitsmeter (de)	лічыльнік (м)	[liˈtʃɨʎnik]
gegevens (mv.)	паказанне (н)	[pakaˈzaŋɛ]

62. Villa. Herenhuis

landhuisje (het)	загарадны дом (м)	[ˈzaɣaradnɨ ˈdɔm]
villa (de)	віла (ж)	[ˈwila]
vleugel (de)	крыло (н)	[krɨˈlɔ]
tuin (de)	сад (м)	[sat]
park (het)	парк (м)	[park]
oranjerie (de)	аранжарэя (ж)	[aranʒaˈrɛja]
onderhouden (tuin, enz.)	даглядаць	[daɣʎaˈdatsʲ]
zwembad (het)	басейн (м)	[baˈsɛjn]
gym (het)	спартыўная зала (ж)	[sparˈtɨunaja ˈzala]
tennisveld (het)	тэнісны корт (м)	[ˈtɛnisnɨ ˈkɔrt]
bioscoopkamer (de)	кінатэатр (м)	[kinatɛˈatr]
garage (de)	гараж (м)	[ɣaˈraʃ]
privé-eigendom (het)	прыватная ўласнасць (ж)	[prɨˈvatnaja uˈlasnasʲts]
eigen terrein (het)	прыватныя уладанні (н мн)	[prɨˈvatnɨja ulaˈdaɲi]
waarschuwing (de)	папярэджанне (н)	[papʲaˈrɛdʒaŋɛ]
waarschuwingsbord (het)	папераджальны надпіс (м)	[papɛraˈdʒaʎnɨ ˈnatpis]
bewaking (de)	ахова (ж)	[aˈhɔva]
bewaker (de)	ахоўнік (м)	[aˈhɔunik]
inbraakalarm (het)	сігналізацыя (ж)	[siɣnaliˈzatsɨja]

63. Appartement

appartement (het)	кватэра (ж)	[kvaˈtɛra]
kamer (de)	пакой (м)	[paˈkɔj]
slaapkamer (de)	спальня (ж)	[ˈspaʎɲa]

eetkamer (de)	сталоўка (ж)	[sta'loukа]
salon (de)	гасцёўня (ж)	[ɣasʲ'tsːuɲa]
studeerkamer (de)	кабінет (м)	[kabi'nɛt]

gang (de)	вітальня (ж)	[wi'taʎɲa]
badkamer (de)	ванны пакой (м)	['vaɲı pa'kɔj]
toilet (het)	прыбіральня (ж)	[prıbi'raʎɲa]

plafond (het)	столь (ж)	[stɔʎ]
vloer (de)	падлога (ж)	[pad'lɔɣa]
hoek (de)	кут (м)	[kut]

64. Meubels. Interieur

meubels (mv.)	мэбля (ж)	['mɛbʎa]
tafel (de)	стол (м)	[stɔl]
stoel (de)	крэсла (н)	['krɛsla]
bed (het)	ложак (м)	['lɔʒak]
bankstel (het)	канапа (ж)	[ka'napa]
fauteuil (de)	фатэль (м)	[fa'tɛʎ]

boekenkast (de)	шафа (ж)	['ʃafa]
boekenrek (het)	паліца (ж)	[pa'litsa]
stellingkast (de)	этажэрка (ж)	[ɛta'ʒɛrka]

kledingkast (de)	шафа (ж)	['ʃafa]
kapstok (de)	вешалка (ж)	['wɛʃalka]
staande kapstok (de)	вешалка (ж)	['wɛʃalka]

| commode (de) | камода (ж) | [ka'mɔda] |
| salontafeltje (het) | часопісны столік (м) | [tʃa'sɔpisnı 'stɔlik] |

spiegel (de)	люстэрка (н)	[lys'tɛrka]
tapijt (het)	дыван (м)	[dı'van]
tapijtje (het)	дыванок (м)	[dıva'nɔk]

haard (de)	камін (м)	[ka'min]
kaars (de)	свечка (ж)	['sʲwɛtʃka]
kandelaar (de)	падсвечнік (м)	[patsʲ'wɛtʃnik]

gordijnen (mv.)	шторы (мн)	['ʃtɔrı]
behang (het)	шпалеры (ж мн)	[ʃpa'lɛrı]
jaloezie (de)	жалюзі (мн)	[ʒaly'zi]

| bureaulamp (de) | настольная лямпа (ж) | [nas'tɔʎnaja 'ʎampa] |
| wandlamp (de) | свяцільня (ж) | [sʲvʲa'tsiʎɲa] |

| staande lamp (de) | таршэр (м) | [tar'ʃɛr] |
| luchter (de) | люстра (ж) | ['lystra] |

poot (ov. een tafel, enz.)	ножка (ж)	['nɔʃka]
armleuning (de)	падлакотнік (м)	[padla'kɔtnik]
rugleuning (de)	спінка (ж)	['sʲpinka]
la (de)	шуфляда (ж)	[ʃuf'ʎada]

65. Beddengoed

beddengoed (het)	бялізна (ж)	[bʲaˈlizna]
kussen (het)	падушка (ж)	[paˈduʃka]
kussenovertrek (de)	навалочка (ж)	[navaˈlotʃka]
deken (de)	коўдра (ж)	[ˈkoudra]
laken (het)	прасціна (ж)	[prasʲtsiˈna]
sprei (de)	пакрывала (н)	[pakrɪˈvala]

66. Keuken

keuken (de)	кухня (ж)	[ˈkuhɲa]
gas (het)	газ (м)	[ɣas]
gasfornuis (het)	пліта (ж) газавая	[pliˈta ˈɣazavaja]
elektrisch fornuis (het)	пліта (ж) электрычная	[pliˈta ɛlɛktˈrɪtʃnaja]
oven (de)	духоўка (ж)	[duˈhouka]
magnetronoven (de)	мікрахвалевая печ (ж)	[mikrahˈvalɛvaja ˈpɛtʃ]
koelkast (de)	халадзільнік (м)	[halaˈdziʎnik]
diepvriezer (de)	маразілка (ж)	[maraˈzilka]
vaatwasmachine (de)	пасудамыечная машына (ж)	[pasudaˈmɪɛtʃnaja maˈʃɪna]
vleesmolen (de)	мясарубка (ж)	[mʲasaˈrupka]
vruchtenpers (de)	сокавыціскалка (ж)	[sɔkavɪtsisˈkalka]
toaster (de)	тостэр (м)	[ˈtɔstɛr]
mixer (de)	міксер (м)	[ˈmiksɛr]
koffiemachine (de)	кававарка (ж)	[kavaˈvarka]
koffiepot (de)	кафейнік (м)	[kɑˈfɛjnik]
koffiemolen (de)	кавамолка (ж)	[kavaˈmɔlka]
fluitketel (de)	чайнік (м)	[ˈtʃajnik]
theepot (de)	імбрычак (м)	[imbˈrɪtʃak]
deksel (de/het)	накрыўка (ж)	[ˈnakrıuka]
theezeefje (het)	сітца (н)	[ˈsitsa]
lepel (de)	лыжка (ж)	[ˈlɪʃka]
theelepeltje (het)	чайная лыжка (ж)	[ˈtʃajnaja ˈlɪʃka]
eetlepel (de)	сталовая лыжка (ж)	[staˈlovaja ˈlɪʃka]
vork (de)	відэлец (м)	[wiˈdɛlɛts]
mes (het)	нож (м)	[nɔʃ]
vaatwerk (het)	посуд (м)	[ˈpɔsut]
bord (het)	талерка (ж)	[taˈlɛrka]
schoteltje (het)	сподак (м)	[ˈspɔdak]
likeurglas (het)	чарка (ж)	[ˈtʃarka]
glas (het)	шклянка (ж)	[ˈʃkʎaŋka]
kopje (het)	кубак (м)	[ˈkubak]
suikerpot (de)	цукарніца (ж)	[ˈtsukarnitsa]
zoutvat (het)	салянка (ж)	[saˈʎaŋka]

| pepervat (het) | перачніца (ж) | ['pɛratʃnitsa] |
| boterschaaltje (het) | масленіца (ж) | ['masʲlɛnitsa] |

steelpan (de)	рондаль (м)	['rɔndaʎ]
bakpan (de)	патэльня (ж)	[pa'tɛʎɲa]
pollepel (de)	апалонік (м)	[apa'lɔnik]
vergiet (de/het)	друшляк (м)	[druʃ'ʎak]
dienblad (het)	паднос (м)	[pad'nɔs]

fles (de)	бутэлька (ж)	[bu'tɛʎka]
glazen pot (de)	слоік (м)	['slɔik]
blik (conserven~)	бляшанка (ж)	[bʎa'ʃaŋka]

flesopener (de)	адкрывалка (ж)	[atkrı'valka]
blikopener (de)	адкрывалка (ж)	[atkrı'valka]
kurkentrekker (de)	штопар (м)	['ʃtɔpar]
filter (de/het)	фільтр (м)	[fiʎtr]
filteren (ww)	фільтраваць	[fiʎtra'vatsʲ]

| huisvuil (het) | смецце (н) | ['sʲmɛtsɛ] |
| vuilnisemmer (de) | вядро (н) для смецця | [vʲad'rɔ dʎa 'sʲmɛtsʲa] |

67. Badkamer

badkamer (de)	ванны пакой (м)	['vaɲı pa'kɔj]
water (het)	вада (ж)	[va'da]
kraan (de)	кран (м)	[kran]
warm water (het)	гарачая вада (ж)	[ɣa'ratʃaja va'da]
koud water (het)	халодная вада (ж)	[ha'lɔdnaja va'da]

| tandpasta (de) | зубная паста (ж) | [zub'naja 'pasta] |
| tanden poetsen (ww) | чысціць зубы | ['tʲısʲtsidzʲ zu'bı] |

zich scheren (ww)	галіцца	[ɣa'litsa]
scheercrème (de)	пена (ж) для галення	['pɛna dʎa ɣa'lɛɲja]
scheermes (het)	брытва (ж)	['brıtva]

wassen (ww)	мыць	[mıtsʲ]
een bad nemen	мыцца	['mıtsa]
douche (de)	душ (м)	[duʃ]
een douche nemen	прымаць душ	[prı'madzʲ 'duʃ]

bad (het)	ванна (ж)	['vaɲa]
toiletpot (de)	унітаз (м)	[uni'tas]
wastafel (de)	ракавіна (ж)	['rakawina]

| zeep (de) | мыла (н) | ['mıla] |
| zeepbakje (het) | мыльніца (ж) | ['mıʎnitsa] |

spons (de)	губка (ж)	['ɣupka]
shampoo (de)	шампунь (ж)	[ʃam'puɲ]
handdoek (de)	ручнік (м)	[rutʃ'nik]
badjas (de)	халат (м)	[ha'lat]
was (bijv. handwas)	мыццё (н)	[mı'tsɜ]

wasmachine (de)	пральная машына (ж)	['praʎnaja ma'ʃina]
de was doen	мыць бялізну	['mɪdzʲ bʲa'liznu]
waspoeder (de)	пральны парашок (м)	['praʎnɪ para'ʃɔk]

68. Huishoudelijke apparaten

televisie (de)	тэлевізар (м)	[tɛlɛ'wizar]
cassettespeler (de)	магнітафон (м)	[maɣnita'fɔn]
videorecorder (de)	відэамагнітафон (м)	[widɛamaɣnita'fɔn]
radio (de)	прыёмнік (м)	[prɪɜmnik]
speler (de)	плэер (м)	['plɛːr]

videoprojector (de)	відэапраектар (м)	[widɛapra'ɛktar]
home theater systeem (het)	хатні кінатэатр (м)	['hatni kinatɛ'atr]
DVD-speler (de)	прайгравальнік (м) DVD	[prajɣra'vaʎniɣ dziwi'dzi]
versterker (de)	узмацняльнік (м)	[uzmats'ɲaʎnik]
spelconsole (de)	гульнявая прыстаўка (ж)	[ɣuʎɲa'vaja prɪs'tauka]

videocamera (de)	відэакамера (ж)	[widɛa'kamɛra]
fotocamera (de)	фотаапарат (м)	[fɔta:pa'rat]
digitale camera (de)	лічбавы фотаапарат (м)	['lidʒbavɪ fɔta:pa'rat]

stofzuiger (de)	пыласос (м)	[pɪla'sɔs]
strijkijzer (het)	прас (м)	[pras]
strijkplank (de)	прасавальная дошка (ж)	[prasa'vaʎnaja 'dɔʃka]

telefoon (de)	тэлефон (м)	[tɛlɛ'fɔn]
mobieltje (het)	мабільны тэлефон (м)	[ma'biʎnɪ tɛlɛ'fɔn]
schrijfmachine (de)	машынка (ж)	[ma'ʃɪŋka]
naaimachine (de)	машынка (ж)	[ma'ʃɪŋka]

microfoon (de)	мікрафон (м)	[mikra'fɔn]
koptelefoon (de)	навушнікі (м мн)	[na'vuʃniki]
afstandsbediening (de)	пульт (м)	[puʎt]

CD (de)	кампакт-дыск (м)	[kam'payd 'dɪsk]
cassette (de)	касета (ж)	[ka'sɛta]
vinylplaat (de)	пласцінка (ж)	[plasʲ'tsiŋka]

MENSELIJKE ACTIVITEITEN

Baan. Business. Deel 1

69. Kantoor. Op kantoor werken

kantoor (het)	офіс (м)	['ɔfis]
kamer (de)	кабінет (м)	[kabi'nɛt]
receptie (de)	рэцэпцыя (ж)	[rɛ'tsɛptsıja]
secretaris (de)	сакратар (м)	[sakra'tar]
directeur (de)	дырэктар (м)	[dı'rɛktar]
manager (de)	менеджэр (м)	['mɛnɛdʒɛr]
boekhouder (de)	бухгалтар (м)	[buɣ'ɣaltar]
werknemer (de)	супрацоўнік (м)	[supra'tsɔunik]
meubilair (het)	мэбля (ж)	['mɛbʎa]
tafel (de)	стол (м)	[stɔl]
bureaustoel (de)	крэсла (н)	['krɛsla]
ladeblok (het)	тумбачка (ж)	['tumbatʃka]
kapstok (de)	вешалка (ж)	['wɛʃalka]
computer (de)	камп'ютэр (м)	[kampʰ'jutɛr]
printer (de)	прынтэр (м)	['prıntɛr]
fax (de)	факс (м)	[faks]
kopieerapparaat (het)	капіравальны апарат (м)	[kapira'vaʎnı apa'rat]
papier (het)	папера (ж)	[pa'pɛra]
kantoorartikelen (mv.)	канцылярскія прылады (ж мн)	[kantsı'ʎarskija prı'ladı]
muismat (de)	дыванок (м)	[dıva'nɔk]
blad (het)	аркуш (м)	['arkuʃ]
ordner (de)	папка (ж)	['papka]
catalogus (de)	каталог (м)	[kata'lɔh]
telefoongids (de)	даведнік (м)	[da'wɛdnik]
documentatie (de)	дакументацыя (ж)	[dakumɛn'tatsıja]
brochure (de)	брашура (ж)	[bra'ʃura]
flyer (de)	лістоўка (ж)	[lis'tɔuka]
monster (het), staal (de)	узор (м)	[u'zɔr]
training (de)	трэнінг (м)	['trɛninh]
vergadering (de)	нарада (ж)	[na'rada]
lunchpauze (de)	перапынак (м) на абед	[pɛra'pınak na a'bɛt]
een kopie maken	рабіць копію	[ra'bits 'kɔpiju]
de kopieën maken	размножыць	[razm'nɔʒıts]
een fax ontvangen	атрымліваць факс	[at'rımlivats 'faks]
een fax versturen	адпраўляць факс	[atprau'ʎats 'faks]

opbellen (ww)	патэлефанаваць	[patɛlɛfana'vats]
antwoorden (ww)	адказаць	[atka'zats]
doorverbinden (ww)	злучыць	[zlu'tʃits]
afspreken (ww)	прызначаць	[prızna'tʃats]
demonstreren (ww)	дэманстраваць	[dɛmanstra'vats]
absent zijn (ww)	адсутнічаць	[a'tsutnitʃats]
afwezigheid (de)	пропуск (м)	['prɔpusk]

70. Bedrijfsprocessen. Deel 1

zaak (de), beroep (het)	справа (ж)	['sprava]
firma (de)	фірма (ж)	['firma]
bedrijf (maatschap)	кампанія (ж)	[kam'panija]
corporatie (de)	карпарацыя (ж)	[karpa'ratsıja]
onderneming (de)	прадпрыемства (н)	[pratprı'ɛmstva]
agentschap (het)	агенцтва (н)	[a'ɣɛntstva]
overeenkomst (de)	дамова (ж)	[da'mɔva]
contract (het)	кантракт (м)	[kant'rakt]
transactie (de)	здзелка (ж)	['zʲdzɛlka]
bestelling (de)	заказ (м)	[za'kas]
voorwaarde (de)	умова (ж)	[u'mɔva]
in het groot (bw)	оптам	['ɔptam]
groothandels- (abn)	аптовы	[ap'tɔvı]
groothandel (de)	продаж (м) оптам	['prɔdaʃ 'ɔptam]
kleinhandels- (abn)	рознічны	['rɔzʲnitʃnı]
kleinhandel (de)	продаж (м) у розніцу	['prɔdaʃ u 'rɔzʲnitsu]
concurrent (de)	канкурэнт (м)	[kaŋku'rɛnt]
concurrentie (de)	канкурэнцыя (ж)	[kaŋku'rɛntsıja]
concurreren (ww)	канкурыраваць	[kaŋku'rıravats]
partner (de)	партнёр (м)	[part'nɜr]
partnerschap (het)	партнёрства (н)	[part'nɜrstva]
crisis (de)	крызіс (м)	['krızis]
bankroet (het)	банкруцтва (н)	[baŋk'rutstva]
bankroet gaan (ww)	збанкрутаваць	[zbaŋkruta'vats]
moeilijkheid (de)	цяжкасць (ж)	['tsʲaʃkasʲts]
probleem (het)	праблема (ж)	[prab'lɛma]
catastrofe (de)	катастрофа (ж)	[katast'rɔfa]
economie (de)	эканоміка (ж)	[ɛka'nɔmika]
economisch (bn)	эканамічны	[ɛkana'mitʃnı]
economische recessie (de)	эканамічны спад (м)	[ɛkana'mitʃnı 'spat]
doel (het)	мэта (ж)	['mɛta]
taak (de)	задача (ж)	[za'datʃa]
handelen (handel drijven)	гандляваць	[ɣandʎa'vats]
netwerk (het)	сетка (ж)	['sɛtka]
voorraad (de)	склад (м)	[sklat]

assortiment (het)	асартымент (м)	[asartı'mɛnt]
leider (de)	лідэр (м)	['lidɛr]
groot (bn)	буйны	[buj'nı]
monopolie (het)	манаполія (ж)	[mana'pɔlija]
theorie (de)	тэорыя (ж)	[tɛ'ɔrıja]
praktijk (de)	практыка (ж)	['praktıka]
ervaring (de)	вопыт (м)	['vɔpıt]
tendentie (de)	тэндэнцыя (ж)	[tɛn'dɛntsıja]
ontwikkeling (de)	развіццё (н)	[razʲwi'tsɜ]

71. Bedrijfsprocessen. Deel 2

voordeel (het)	выгада (ж)	['vıɣada]
voordelig (bn)	выгадны	['vıɣadnı]
delegatie (de)	дэлегацыя (ж)	[dɛlɛ'ɣatsıja]
salaris (het)	заработная плата (ж)	[zara'bɔtnaja 'plata]
corrigeren (fouten ~)	выпраўляць	[vıprau'ʎats]
zakenreis (de)	камандзіроўка (ж)	[kamandzi'rɔuka]
commissie (de)	камісія (ж)	[ka'misija]
controleren (ww)	кантраляваць	[kantraʎa'vats]
conferentie (de)	канферэнцыя (ж)	[kanfɛ'rɛntsıja]
licentie (de)	ліцэнзія (ж)	[li'tsɛnzija]
betrouwbaar (partner, enz.)	надзейны	[na'dzɛjnı]
aanzet (de)	пачынанне (н)	[patʃı'naŋɛ]
norm (bijv. ~ stellen)	норма (ж)	['nɔrma]
omstandigheid (de)	акалічнасць (ж)	[aka'litʃnasʲts]
taak, plicht (de)	абавязак (м)	[aba'vʲazak]
organisatie (bedrijf, zaak)	арганізацыя (ж)	[arɣani'zatsıja]
organisatie (proces)	арганізацыя (ж)	[arɣani'zatsıja]
georganiseerd (bn)	арганізаваны	[arɣaniza'vanı]
afzegging (de)	скасаванне (н)	[skasa'vaŋɛ]
afzeggen (ww)	скасаваць	[skasa'vats]
verslag (het)	справаздача (ж)	[spravaz'datʃa]
patent (het)	патэнт (м)	[pa'tɛnt]
patenteren (ww)	патэнтаваць	[patɛnta'vats]
plannen (ww)	планаваць	[plana'vats]
premie (de)	прэмія (ж)	['prɛmija]
professioneel (bn)	прафесійны	[prafɛ'sijnı]
procedure (de)	працэдура (ж)	[pratsɛ'dura]
onderzoeken (contract, enz.)	разгледзець	[razɣ'lɛdzɛts]
berekening (de)	разлік (м)	[razʲ'lik]
reputatie (de)	рэпутацыя (ж)	[rɛpu'tatsıja]
risico (het)	рызыка (ж)	['rızıka]
beheren (managen)	кіраваць	[kira'vats]
informatie (de)	звесткі (ж мн)	['zʲwɛstki]

eigendom (bezit)	уласнасць (ж)	[u'lasnasʲts]
unie (de)	саюз (м)	[sa'jus]

levensverzekering (de)	страхаванне (н) жыцця	[straha'vaŋɛ ʒɪ'tsʲa]
verzekeren (ww)	страхаваць	[straha'vats]
verzekering (de)	страхоўка (ж)	[stra'hɔuka]

veiling (de)	таргі (м мн)	[tar'ɣi]
verwittigen (ww)	паведаміць	[pa'wɛdamits]
beheer (het)	кіраванне (н)	[kira'vaŋɛ]
dienst (de)	паслуга (ж)	[pas'luɣa]

forum (het)	форум (м)	['fɔrum]
functioneren (ww)	функцыянаваць	[fuŋktsɪjana'vats]
stap, etappe (de)	этап (м)	[ɛ'tap]
juridisch (bn)	юрыдычны	[jurɪ'dɪtʃnɪ]
jurist (de)	юрыст (м)	[ju'rɪst]

72. Productie. Werken

industriële installatie (fabriek)	завод (м)	[za'vɔt]
fabriek (de)	фабрыка (ж)	['fabrɪka]
werkplaatsruimte (de)	цэх (м)	[tsɛh]
productielocatie (de)	вытворчасць (ж)	[vɪt'vɔrtʃasʲts]

industrie (de)	прамысловасць (ж)	[pramɪs'lɔvasʲts]
industrieel (bn)	прамысловы	[pramɪs'lɔvɪ]
zware industrie (de)	цяжкая прамысловасць (ж)	['tsʲaʃkaja pramɪs'lɔvasʲts]
lichte industrie (de)	лёгкая прамысловасць (ж)	['lɔhkaja pramɪs'lɔvasʲts]

productie (de)	прадукцыя (ж)	[pra'duktsɪja]
produceren (ww)	выпрабляць	[vɪrab'ʎats]
grondstof (de)	сыравіна (ж)	[sɪra'wina]

voorman, ploegbaas (de)	брыгадзір (м)	[brɪɣa'dzir]
ploeg (de)	брыгада (ж)	[brɪ'ɣada]
arbeider (de)	рабочы (м)	[ra'bɔtʃɪ]

werkdag (de)	працоўны дзень (м)	[pra'tsɔunɪ 'dzɛɲ]
pauze (de)	перапынак (м)	[pɛra'pɪnak]
samenkomst (de)	сход (м)	[shɔt]
bespreken (spreken over)	абмяркоўваць	[abmʲar'kɔuvats]

plan (het)	план (м)	[plan]
het plan uitvoeren	выконваць план	[vɪ'kɔnvats 'plan]
productienorm (de)	норма (ж)	['nɔrma]
kwaliteit (de)	якасць (ж)	['jakasʲts]
controle (de)	кантроль (м)	[kant'rɔʎ]
kwaliteitscontrole (de)	кантроль (м) якасці	[kant'rɔʎ 'jakasʲtsi]

arbeidsveiligheid (de)	бяспека (ж) працы	[bʲasʲ'pɛka 'pratsɪ]
discipline (de)	дысцыпліна (ж)	[dɪstsɪp'lina]
overtreding (de)	парушэнне (н)	[paru'ʃɛŋɛ]
overtreden (ww)	парушаць	[paru'ʃats]

staking (de)	забастоўка (ж)	[zabas'tɔuka]
staker (de)	забастоўшчык (м)	[zabas'tɔuʃtʃɪk]
staken (ww)	баставаць	[basta'vats]
vakbond (de)	прафсаюз (м)	[prafsa'jus]
uitvinden (machine, enz.)	вынаходзіць	[vɪna'hɔdzits]
uitvinding (de)	вынаходка (ж)	[vɪna'hɔtka]
onderzoek (het)	даследаванне (н)	[dasʲ'lɛdavaɲɛ]
verbeteren (beter maken)	паляпшаць	[paʎap'ʃats]
technologie (de)	тэхналогія (ж)	[tɛhna'lɔɣija]
technische tekening (de)	чарцёж (м)	[tʃar'tsɜʃ]
vracht (de)	груз (м)	[ɣrus]
lader (de)	грузчык (м)	['ɣruʃtʃɪk]
laden (vrachtwagen)	грузіць	[ɣru'zits]
laden (het)	пагрузка (ж)	[paɣ'ruska]
lossen (ww)	разгружаць	[razɣru'ʒats]
lossen (het)	разгрузка (ж)	[razɣ'ruska]
transport (het)	транспарт (м)	['transpart]
transportbedrijf (de)	транспартная кампанія (ж)	['transpartnaja kam'panija]
transporteren (ww)	транспартаваць	[transparta'vats]
goederenwagon (de)	вагон (м)	[va'ɣɔn]
tank (bijv. ketelwagen)	цыстэрна (ж)	[tsɪs'tɛrna]
vrachtwagen (de)	грузавік (м)	[ɣruza'wik]
machine (de)	станок (м)	[sta'nɔk]
mechanisme (het)	механізм (м)	[mɛha'nizm]
industrieel afval (het)	адыходы (м мн)	[adɪ'hɔdɪ]
verpakking (de)	пакаванне (н)	[paka'vaɲɛ]
verpakken (ww)	упакаваць	[upaka'vats]

73. Contract. Overeenstemming.

contract (het)	кантракт (м)	[kant'rakt]
overeenkomst (de)	пагадненне (н)	[paɣadʲ'nɛɲɛ]
bijlage (de)	дадатак (м)	[da'datak]
een contract sluiten	заключыць кантракт	[zaklyʲ'tʃɪts kant'rakt]
handtekening (de)	подпіс (м)	['pɔtpis]
ondertekenen (ww)	падпісаць	[patpi'sats]
stempel (de)	пячатка (ж)	[pʲa'tʃatka]
voorwerp (het) van de overeenkomst	прадмет (м) дамовы	[prad'mɛd da'mɔvɪ]
clausule (de)	пункт (м)	[puŋkt]
partijen (mv.)	бакі (м мн)	[ba'ki]
vestigingsadres (het)	юрыдычны адрас (м)	[jurɪ'dɪtʃnɪ 'adras]
het contract verbreken (overtreden)	парушыць кантракт	[pa'ruʃɪts kant'rakt]
verplichting (de)	абавязацельства (н)	[abavʲaza'tsɛʎstva]

verantwoordelijkheid (de)	адказнасць (ж)	[at'kaznasʲts]
overmacht (de)	форс-мажор (м)	['fɔrs ma'ʒɔr]
geschil (het)	спрэчка (ж)	['sprɛtʃka]
sancties (mv.)	штрафныя санкцыі (ж мн)	[ʃtraf'nija 'saŋktsii]

74. Import & Export

import (de)	імпарт (м)	['impart]
importeur (de)	імпарцёр (м)	[impar'tsɜr]
importeren (ww)	імпартаваць	[imparta'vats]
import- (abn)	імпартны	['impartnɪ]
exporteur (de)	экспарцёр (м)	[ɛkspar'tsɜr]
exporteren (ww)	экспартаваць	[ɛksparta'vats]
goederen (mv.)	тавар (м)	[ta'var]
partij (de)	партыя (ж)	['partɪja]
gewicht (het)	вага (ж)	[va'ɣa]
volume (het)	аб'ём (м)	[abʰɜm]
kubieke meter (de)	кубічны метр (м)	[ku'bitʃnɪ 'mɛtr]
producent (de)	вытворца (м)	[vɪt'vɔrtsa]
transportbedrijf (de)	транспартная кампанія (ж)	['transpartnaja kam'panija]
container (de)	кантэйнер (м)	[kan'tɛjnɛr]
grens (de)	мяжа (ж)	[mʲa'ʒa]
douane (de)	мытня (ж)	['mɪtɲa]
douanerecht (het)	мытная пошліна (ж)	['mɪtnaja 'pɔʃlina]
douanier (de)	мытнік (м)	['mɪtnik]
smokkelen (het)	кантрабанда (ж)	[kantra'banda]
smokkelwaar (de)	кантрабанда (ж)	[kantra'banda]

75. Financiën

aandeel (het)	акцыя (ж)	['aktsɪja]
obligatie (de)	аблігацыя (ж)	[abli'ɣatsɪja]
wissel (de)	вэксаль (м)	['vɛksaʎ]
beurs (de)	біржа (ж)	['birʒa]
aandelenkoers (de)	курс (м) акцый	['kurs 'aktsɪj]
dalen (ww)	патаннець	[pata'ɲɛts]
stijgen (ww)	падаражэць	[padara'ʒɛts]
meerderheidsbelang (het)	кантрольны пакет (м)	[kant'rɔʎnɪ pa'kɛt]
investeringen (mv.)	інвестыцыі (ж мн)	[inwɛs'tɪtsii]
investeren (ww)	інвесціраваць	[inwɛsʲ'tsiravats]
procent (het)	працэнт (м)	[pra'tsɛnt]
rente (de)	працэнты (м мн)	[pra'tsɛntɪ]
winst (de)	прыбытак (м)	[prɪ'bɪtak]
winstgevend (bn)	прыбыткovy	[prɪbɪt'kɔvɪ]

belasting (de)	падатак (м)	[pa'datak]
valuta (vreemde ~)	валюта (ж)	[va'lyta]
nationaal (bn)	нацыянальны	[natsıja'naʎnı]
ruil (de)	абмен (м)	[ab'mɛn]

boekhouder (de)	бухгалтар (м)	[buɣ'ɣaltar]
boekhouding (de)	бухгалтэрыя (ж)	[buɣɣal'tɛrıja]

bankroet (het)	банкруцтва (н)	[baŋk'rutstva]
ondergang (de)	крах (м)	[krah]
faillissement (het)	згаленне (н)	[zɣa'lɛŋɛ]
geruïneerd zijn (ww)	згалець	[zɣa'lɛts]
inflatie (de)	інфляцыя (ж)	[inf'ʎatsıja]
devaluatie (de)	дэвальвацыя (ж)	[dɛvaʎ'vatsıja]

kapitaal (het)	капітал (м)	[kapi'tal]
inkomen (het)	даход (м)	[da'hɔt]
omzet (de)	абарот (м)	[aba'rɔt]
middelen (mv.)	рэсурсы (м мн)	[rɛ'sursı]
financiële middelen (mv.)	грашовыя сродкі (м мн)	[ɣra'ʃɔvıja 'srɔtki]
reduceren (kosten ~)	скараціць	[skara'tsits]

76. Marketing

marketing (de)	маркетынг (м)	['markɛtınh]
markt (de)	рынак (м)	['rınak]
marktsegment (het)	сегмент (м) рынку	[sɛɣ'mɛnt 'rıŋku]
product (het)	прадукт (м)	[pra'dukt]
goederen (mv.)	тавар (м)	[ta'var]

handelsmerk (het)	гандлёвая марка (ж)	[ɣand'lɔvaja 'marka]
beeldmerk (het)	фірмовы знак (м)	[fir'mɔvı 'znak]
logo (het)	лагатып (м)	[laɣa'tıp]

vraag (de)	попыт (м)	['pɔpıt]
aanbod (het)	прапанаванне (н)	[prapana'vaŋɛ]
behoefte (de)	патрэба (ж)	[pat'rɛba]
consument (de)	спажывец (м)	[spaʒı'wɛts]

analyse (de)	аналіз (м)	[a'nalis]
analyseren (ww)	аналізаваць	[analiza'vats]
positionering (de)	пазіцыянаванне (н)	[pazitsıjana'vaŋɛ]
positioneren (ww)	пазіцыянаваць	[pazitsıjana'vats]

prijs (de)	цана (ж)	[tsa'na]
prijspolitiek (de)	цэнавая палітыка (ж)	['tsɛnavaja pa'litıka]
prijsvorming (de)	цэнаўтварэнне (н)	[tsɛnautva'rɛŋɛ]

77. Reclame

reclame (de)	рэклама (ж)	[rɛk'lama]
adverteren (ww)	рэкламаваць	[rɛklama'vats]

budget (het)	бюджэт (м)	[bɨ'dʒɛt]
advertentie, reclame (de)	рэклама (ж)	[rɛk'lama]
TV-reclame (de)	тэлерэклама (ж)	[tɛlɛrɛk'lama]
radioreclame (de)	рэклама (ж) на радыё	[rɛk'lama na 'radɨɜ]
buitenreclame (de)	вонкавая рэклама (ж)	['vɔŋkavaja rɛk'lama]

massamedia (de)	сродкі (м мн) масавай інфармацыі	['srɔtki 'masavaj infar'matsɨi]
periodiek (de)	перыядычнае выданне (н)	[pɛrɨja'dɨtʃnaɛ vɨ'daɲɛ]
imago (het)	імідж (м)	['imitʃ]

| slagzin (de) | лозунг (м) | ['lɔzunh] |
| motto (het) | дэвіз (м) | [dɛ'wis] |

campagne (de)	кампанія (ж)	[kam'panija]
reclamecampagne (de)	рэкламная кампанія (ж)	[rɛk'lamnaja kam'panija]
doelpubliek (het)	мэтавая аўдыторыя (ж)	['mɛtavaja audɨ'tɔrɨja]

visitekaartje (het)	візітная картка (ж)	[wi'zitnaja 'kartka]
flyer (de)	лістоўка (ж)	[lis'tɔuka]
brochure (de)	брашура (ж)	[bra'ʃura]
folder (de)	буклет (м)	[buk'lɛt]
nieuwsbrief (de)	бюлетэнь (м)	[bylɛ'tɛɲ]

gevelreclame (de)	шыльда (ж)	['ʃɨʎda]
poster (de)	плакат (м)	[pla'kat]
aanplakbord (het)	шчыт (м)	[ʃtʃɨt]

78. Bankieren

| bank (de) | банк (м) | [haŋk] |
| bankfiliaal (het) | аддзяленне (н) | [addzʲa'lɛɲɛ] |

| bankbediende (de) | кансультант (м) | [kansuʎ'tant] |
| manager (de) | загадчык (м) | [za'ɣatʃɨk] |

bankrekening (de)	рахунак (м)	[ra'hunak]
rekeningnummer (het)	нумар (м) рахунку	['numar ra'huŋku]
lopende rekening (de)	бягучы рахунак (м)	[bʲa'ɣutʃɨ ra'hunak]
spaarrekening (de)	назапашвальны рахунак (м)	[naza'paʃvaʎnɨ ra'hunak]

een rekening openen	адкрыць рахунак	[atk'rɨts ra'hunak]
de rekening sluiten	закрыць рахунак	[zak'rɨts ra'hunak]
op rekening storten	пакласці на рахунак	[pak'lasʲtsi na ra'hunak]
opnemen (ww)	зняць з рахунку	['zʲnadzʲ z ra'huŋku]

storting (de)	уклад (м)	[uk'lat]
een storting maken	зрабіць уклад	[zra'bits uk'lat]
overschrijving (de)	перавод (м)	[pɛra'vɔt]
een overschrijving maken	зрабіць перавод	[zra'bits pɛra'vɔt]

| som (de) | сума (ж) | ['suma] |
| Hoeveel? | Колькі? | ['kɔʎki] |

handtekening (de)	подпіс (м)	['pɔtpis]
ondertekenen (ww)	падпісаць	[patpi'sats]
kredietkaart (de)	крэдытная картка (ж)	[krɛ'dɪtnaja 'kartka]
code (de)	код (м)	[kɔt]
kredietkaartnummer (het)	нумар (м) крэдытнай карткі	['numar krɛ'dɪtnaj 'kartki]
geldautomaat (de)	банкамат (м)	[baŋka'mat]
cheque (de)	чэк (м)	[tʃɛk]
een cheque uitschrijven	выпісаць чэк	['vɪpisats 'tʃɛk]
chequeboekje (het)	чэкавая кніжка (ж)	['tʃɛkavaja 'kniʃka]
lening, krediet (de)	крэдыт (м)	[krɛ'dɪt]
een lening aanvragen	звяртацца па крэдыт	[zʲvʲar'tatsa pa krɛ'dɪt]
een lening nemen	браць крэдыт	['brats krɛ'dɪt]
een lening verlenen	даваць крэдыт	[da'vats krɛ'dɪt]
garantie (de)	гарантыя (ж)	[ɣa'rantɪja]

79. Telefoon. Telefoongesprek

telefoon (de)	тэлефон (м)	[tɛlɛ'fɔn]
mobieltje (het)	мабільны тэлефон (м)	[ma'biʎnɪ tɛlɛ'fɔn]
antwoordapparaat (het)	аўтаадказчык (м)	[auta:t'kaʃtʃɪk]
bellen (ww)	тэлефанаваць	[tɛlɛfana'vats]
belletje (telefoontje)	тэлефанаванне (н)	[tɛlɛfana'vaŋɛ]
een nummer draaien	набраць нумар	[nab'rats 'numar]
Hallo!	алё!	[a'lɜ]
vragen (ww)	спытаць	[spɪ'tats]
antwoorden (ww)	адказаць	[atka'zats]
horen (ww)	чуць	[tʃuts]
goed (bw)	добра	['dɔbra]
slecht (bw)	дрэнна	['drɛŋa]
storingen (mv.)	перашкоды (ж мн)	[pɛraʃ'kɔdɪ]
hoorn (de)	трубка (ж)	['trupka]
opnemen (ww)	зняць трубку	['zʲnats 'trupku]
ophangen (ww)	пакласці трубку	[pak'lasʲtsi 'trupku]
bezet (bn)	заняты	[za'ɲatɪ]
overgaan (ww)	званіць	[zva'nits]
telefoonboek (het)	тэлефонная кніга (ж)	[tɛlɛ'fɔnaja 'kniɣa]
lokaal (bn)	мясцовы	[mʲas'tsɔvɪ]
interlokaal (bn)	міжгародні	[miʒɣa'rɔdni]
buitenlands (bn)	міжнародны	[miʒna'rɔdnɪ]

80. Mobiele telefoon

mobieltje (het)	мабільны тэлефон (м)	[ma'biʎnɪ tɛlɛ'fɔn]
scherm (het)	дысплей (м)	[dɪsp'lɛj]

toets, knop (de)	кнопка (ж)	['knɔpka]
simkaart (de)	SIM-картка (ж)	[sim'kartka]
batterij (de)	батарэя (ж)	[bata'rɛja]
leeg zijn (ww)	разрадзіцца	[razra'dzitsa]
acculader (de)	зарадная прылада (ж)	[za'radnaja prɪ'lada]
menu (het)	меню (н)	[mɛ'ny]
instellingen (mv.)	наладкі (ж мн)	[na'latki]
melodie (beltoon)	мелодыя (ж)	[mɛ'lɔdɪja]
selecteren (ww)	выбраць	['vɪbrats]
rekenmachine (de)	калькулятар (м)	[kaʎku'ʎatar]
voicemail (de)	аўтаадказчык (м)	[auta:t'kaʃtʃɪk]
wekker (de)	будзільнік (м)	[bu'dzɪʎnik]
contacten (mv.)	тэлефонная кніга (ж)	[tɛlɛ'fɔŋaja 'kniɣa]
SMS-bericht (het)	SMS-паведамленне (н)	[ɛsɛ'mɛs pawɛdam'lɛŋɛ]
abonnee (de)	абанент (м)	[aba'nɛnt]

81. Schrijfbehoeften

balpen (de)	аўтаручка (ж)	[auta'rutʃka]
vulpen (de)	ручка (ж) пёравая	['rutʃka 'pɜravaja]
potlood (het)	аловак (м)	[a'lɔvak]
marker (de)	маркёр (м)	[mar'kɜr]
viltstift (de)	фламастэр (м)	[fla'mastɛr]
notitieboekje (het)	блакнот (м)	[blak'nɔt]
agenda (boekje)	штодзённік (м)	[ʃtɔ'dzɜŋik]
liniaal (de/het)	лінейка (ж)	[li'nɛjka]
rekenmachine (de)	калькулятар (м)	[kaʎku'ʎatar]
gom (de)	сцірка (ж)	['sʲtsirka]
punaise (de)	кнопка (ж)	['knɔpka]
paperclip (de)	сашчэпка (ж)	[saʃ'tʃɛpka]
lijm (de)	клей (м)	[klɛj]
nietmachine (de)	стэплер (м)	['stɛplɛr]
perforator (de)	дзіркакол (м)	[dzirka'kɔl]
potloodslijper (de)	тачылка (ж)	[ta'tʃɪlka]

82. Soorten bedrijven

boekhouddiensten (mv.)	бухгалтарскія паслугі (ж мн)	[buɣ'ɣaltarskija pas'luɣi]
reclame (de)	рэклама (ж)	[rɛk'lama]
reclamebureau (het)	рэкламнае агенцтва (н)	[rɛk'lamnaɛ a'ɣɛntstva]
airconditioning (de)	кандыцыянеры (м мн)	[kandɪtsɪja'nɛrɪ]
luchtvaartmaatschappij (de)	авіякампанія (ж)	[awijakam'panija]
alcoholische dranken (mv.)	спіртныя напіткі (м мн)	[sʲpirtʲ'nɪja na'pitki]
antiek (het)	антыкварыят (м)	[antɪkvarɪ'jat]

| kunstgalerie (de) | галерэя (ж) | [ɣalɛ'rɛja] |
| audit diensten (mv.) | аўдытарскія паслугі (ж мн) | [au'dıtarskija pas'luɣi] |

banken (mv.)	банкаўскі бізнэс (м)	['baŋkauski 'biznɛs]
bar (de)	бар (м)	[bar]
schoonheidssalon (de/het)	салон (м) прыгажосці	[sa'lɔn prıɣa'ʒɔsʲtsi]
boekhandel (de)	кнігарня (ж)	[kni'ɣarɲa]
bierbrouwerij (de)	бровар (м)	['brɔvar]
zakencentrum (het)	бізнэс-цэнтр (м)	['biznɛs 'tsɛntr]
business school (de)	бізнэс-школа (ж)	['biznɛʃ 'ʃkɔla]

casino (het)	казіно (н)	[kazi'nɔ]
bouwbedrijven (mv.)	будаўніцтва (н)	[budau'nitstva]
adviesbureau (het)	кансалтынг (м)	[kan'saltınh]

tandheelkunde (de)	стаматалогія (н)	[stamata'lɔɣija]
design (het)	дызайн (м)	[dı'zajn]
apotheek (de)	аптэка (ж)	[ap'tɛka]
stomerij (de)	хімчыстка (ж)	[him'tʃıstka]
uitzendbureau (het)	кадравае агенцтва (н)	['kadravaɛ a'ɣɛntstva]

financiële diensten (mv.)	фінансавыя паслугі (ж мн)	[fi'nansavıja pas'luɣi]
voedingswaren (mv.)	прадукты (м мн) харчавання	[pra'duktı hartʃa'vaɲa]
uitvaartcentrum (het)	пахавальнае бюро (н)	[paha'vaʎnaɛ by'rɔ]
meubilair (het)	мэбля (ж)	['mɛbʎa]
kleding (de)	адзенне (н)	[a'dzɛɲɛ]
hotel (het)	гасцініца (ж)	[ɣasʲ'tsinitsa]

IJsje (het)	марожанае (н)	[ma'rɔʒanaɛ]
industrie (de)	прамысловасць (ж)	[pramıs'lɔvasʲts]
verzekering (de)	страхаванне (н)	[straha'vaɲɛ]
Internet (het)	Інтэрнэт (м)	[intɛr'nɛt]
investeringen (mv.)	інвестыцыі (ж мн)	[inwɛs'tıtsıi]

juwelier (de)	ювелір (м)	[juwɛ'lir]
juwelen (mv.)	ювелірныя вырабы (м мн)	[juwɛ'lirnıja 'vırabı]
wasserette (de)	пральня (ж)	['praʎna]
juridische diensten (mv.)	юрыдычныя паслугі (ж мн)	[jurı'dıtʃnıja pas'luɣi]
lichte industrie (de)	лёгкая прамысловасць (ж)	['lɔhkaja pramıs'lɔvasʲts]

tijdschrift (het)	часопіс (м)	[tʃa'sɔpis]
postorderbedrijven (mv.)	гандаль (м) па каталозе	['ɣandaʎ pa kata'lɔzɛ]
medicijnen (mv.)	медыцына (ж)	[mɛdı'tsına]
bioscoop (de)	кінатэатр (м)	[kinatɛ'atr]
museum (het)	музей (м)	[mu'zɛj]

persbureau (het)	інфармацыйнае агенцтва (н)	[infarma'tsıjnaɛ a'ɣɛntstva]
krant (de)	газета (ж)	[ɣa'zɛta]
nachtclub (de)	начны клуб (м)	[natʃ'nı 'klup]

olie (aardolie)	нафта (ж)	['nafta]
koerierdienst (de)	кур'ерская служба (ж)	[kurʰ'ɛrskaja 'sluʒba]
geneesmiddelen (mv.)	фармацэўтыка (ж)	[farma'tsɛutıka]
drukkerij (de)	паліграфія (ж)	[paliɣ'rafija]
uitgeverij (de)	выдавецтва (н)	[vıda'wɛtstva]

radio (de)	радыё (н)	['radɪɔ]
vastgoed (het)	нерухомасць (ж)	[nɛru'hɔmasʲts]
restaurant (het)	рэстаран (м)	[rɛsta'ran]
bewakingsfirma (de)	ахоўнае агенцтва (н)	[a'hɔunaɛ a'ɣɛntstva]
sport (de)	спорт (м)	[spɔrt]
handelsbeurs (de)	біржа (ж)	['birʒa]
winkel (de)	крама (ж)	['krama]
supermarkt (de)	супермаркет (м)	[supɛr'markɛt]
zwembad (het)	басейн (м)	[ba'sɛjn]
naaiatelier (het)	атэлье (н)	[atɛ'ʎjɛ]
televisie (de)	тэлебачанне (н)	[tɛlɛ'batʃaŋɛ]
theater (het)	тэатр (м)	[tɛ'atr]
handel (de)	гандаль (м)	['ɣandaʎ]
transport (het)	перавозкі (ж мн)	[pɛra'vɔski]
toerisme (het)	турызм (м)	[tu'rɪzm]
dierenarts (de)	ветэрынар (м)	[wɛtɛrɪ'nar]
magazijn (het)	склад (м)	[sklat]
afvalinzameling (de)	вываз (м) смецця	['vɪvas 'sʲmɛtsʲa]

Baan. Business. Deel 2

83. Show. Tentoonstelling

beurs (de)	выстава (ж)	[vɪsˈtava]
vakbeurs, handelsbeurs (de)	гандлёвая выстава (ж)	[ɣandˈlɜvaja vɪsˈtava]
deelneming (de)	удзел (м)	[uˈdzɛl]
deelnemen (ww)	удзельнічаць	[uˈdzɛʎnitʃatsʲ]
deelnemer (de)	удзельнік (м)	[uˈdzɛʎnik]
directeur (de)	дырэктар (м)	[dɪˈrɛktar]
organisator (de)	арганізатар (м)	[arɣaniˈzatar]
organiseren (ww)	арганізоўваць	[arɣaniˈzɔuvatsʲ]
deelnemingsaanvraag (de)	заяўка (ж) на ўдзел	[zaˈjauka na uˈdzɛl]
invullen (een formulier ~)	запоўніць	[zaˈpɔunitsʲ]
details (mv.)	дэталі (ж мн)	[dɛˈtali]
informatie (de)	інфармацыя (ж)	[infarˈmatsɪja]
prijs (de)	цана (ж)	[tsaˈna]
inclusief (bijv. ~ BTW)	уключаючы	[uklyˈtʃajutʃɪ]
inbegrepen (alles ~)	уключаць	[uklyˈtʃatsʲ]
betalen (ww)	плаціць	[plaˈtsitsʲ]
registratietarief (het)	рэгістрацыйны ўзнос (м)	[rɛɣistraˈtsɪjnɪ uzˈnɔs]
ingang (de)	уваход (м)	[uvaˈhɔt]
paviljoen (het), hal (de)	павільён (м)	[pawiˈʎjɔn]
registreren (ww)	рэгістраваць	[rɛɣistraˈvatsʲ]
badge, kaart (de)	бэдж (м)	[bɛtʃ]
beursstand (de)	стэнд (м)	[stɛnt]
reserveren (een stand ~)	рэзерваваць	[rɛzɛrvaˈvatsʲ]
vitrine (de)	вітрына (ж)	[witˈrɪna]
licht (het)	свяцільня (ж)	[sʲvʲaˈtsiʎɲa]
design (het)	дызайн (м)	[dɪˈzajn]
plaatsen (ww)	размяшчаць	[razʲmʲaʃˈtʃatsʲ]
distributeur (de)	дыстрыб'ютар (м)	[dɪstrɪbʰˈjutar]
leverancier (de)	пастаўшчык (м)	[pastauʃˈtʃɪk]
land (het)	краіна (ж)	[kraˈina]
buitenlands (bn)	замежны	[zaˈmɛʒnɪ]
product (het)	прадукт (м)	[praˈdukt]
associatie (de)	асацыяцыя (ж)	[asatsɪˈjatsɪja]
conferentiezaal (de)	канферэнц-зала (ж)	[kanfɛˈrɛndz ˈzala]
congres (het)	кангрэс (м)	[kaŋˈrɛs]
wedstrijd (de)	конкурс (м)	[ˈkɔŋkurs]
bezoeker (de)	наведвальнік (м)	[naˈwɛdvaʎnik]

| bezoeken (ww) | наведваць | [na'wɛdvats] |
| afnemer (de) | заказчык (м) | [za'kaʃtʃɪk] |

84. Wetenschap. Onderzoek. Wetenschappers

wetenschap (de)	навука (ж)	[na'vuka]
wetenschappelijk (bn)	навуковы	[navu'kɔvɪ]
wetenschapper (de)	навуковец (м)	[navu̪'kɔwɛts]
theorie (de)	тэорыя (ж)	[tɛ'ɔrɪja]

axioma (het)	аксіёма (ж)	[aksiɜma]
analyse (de)	аналіз (м)	[a'nalis]
analyseren (ww)	аналізаваць	[analiza'vats]
argument (het)	аргумент (м)	[arɣu'mɛnt]
substantie (de)	рэчыва (н)	['rɛtʃɪva]

hypothese (de)	гіпотэза (ж)	[ɣi'pɔtɛza]
dilemma (het)	дылема (ж)	[dɪ'lɛma]
dissertatie (de)	дысертацыя (ж)	[dɪsɛr'tatsɪja]
dogma (het)	догма (ж)	['dɔɣma]

doctrine (de)	дактрына (ж)	[dakt'rɪna]
onderzoek (het)	даследаванне (н)	[dasʲ'lɛdavaɲɛ]
onderzoeken (ww)	даследаваць	[dasʲ'lɛdavats]
toetsing (de)	кантроль (м)	[kant'rɔʎ]
laboratorium (het)	лабараторыя (ж)	[labara'tɔrɪja]

methode (de)	метад (м)	['mɛtat]
molecule (de/het)	малекула (ж)	[ma'lɛkula]
monitoring (de)	маніторынг (м)	[mani'tɔrɪnh]
ontdekking (de)	адкрыццё (н)	[atkrɪ'tsɜ]

postulaat (het)	пастулат (м)	[pastu'lat]
principe (het)	прынцып (м)	['prɪntsɪp]
voorspelling (de)	прагноз (м)	[praɣ'nɔs]
een prognose maken	прагназіраваць	[praɣna'ziravats]

synthese (de)	сінтэз (м)	['sintɛs]
tendentie (de)	тэндэнцыя (ж)	[tɛn'dɛntsɪja]
theorema (het)	тэарэма (ж)	[tɛa'rɛma]

leerstellingen (mv.)	вучэнне (н)	[vu'tʃɛɲɛ]
feit (het)	факт (м)	[fakt]
expeditie (de)	экспедыцыя (ж)	[ɛksʲpɛ'dɪtsɪja]
experiment (het)	эксперымент (м)	[ɛksʲpɛrɪ'mɛnt]

academicus (de)	акадэмік (м)	[aka'dɛmik]
bachelor (bijv. BA, LLB)	бакалаўр (м)	[baka'laur]
doctor (de)	доктар (м)	['dɔktar]
universitair docent (de)	дацэнт (м)	[da'tsɛnt]
master, magister (de)	магістр (м)	[ma'ɣistr]
professor (de)	прафесар (м)	[pra'fɛsar]

Beroepen en ambachten

85. Zoeken naar werk. Ontslag

baan (de)	праца (ж)	['pratsa]
personeel (het)	штат (м)	[ʃtat]

carrière (de)	кар'ера (ж)	[karʰ'ɛra]
vooruitzichten (mv.)	перспектыва (ж)	[pɛrsʲpɛk'tɪva]
meesterschap (het)	майстэрства (н)	[majs'tɛrstva]

keuze (de)	падбор (м)	[pad'bɔr]
uitzendbureau (het)	кадравае агенцтва (н)	['kadravaɛ a'ɣɛntstva]
CV, curriculum vitae (het)	рэзюмэ (н)	[rɛzy'mɛ]
sollicitatiegesprek (het)	сумоўе (н)	[su'mɔuɛ]
vacature (de)	вакансія (ж)	[va'kansija]

salaris (het)	заробак (м)	[za'rɔbak]
vaste salaris (het)	аклад (м)	[ak'lat]
loon (het)	аплата (ж)	[ap'lata]

betrekking (de)	пасада (ж)	[pa'sada]
taak, plicht (de)	абавязак (м)	[aba'vʲazak]
takenpakket (het)	кола (н)	['kɔla]
bezig (~ zijn)	заняты	[za'ɲatɪ]

ontslagen (ww)	звольніць	['zvɔʎnitş]
ontslag (het)	звальненне (н)	[zvaʎ'nɛŋɛ]

werkloosheid (de)	беспрацоўе (н)	[bɛspra'tsɔuɛ]
werkloze (de)	беспрацоўны (м)	[bɛspra'tsɔunɪ]
pensioen (het)	пенсія (ж)	['pɛnsija]
met pensioen gaan	пайсці на пенсію	[pajsʲ'tsi na 'pɛnsiju]

86. Zakenmensen

directeur (de)	дырэктар (м)	[dɪ'rɛktar]
beheerder (de)	загадчык (м)	[za'ɣatʃɪk]
hoofd (het)	кіраўнік (м)	[kirau'nik]

baas (de)	начальнік (м)	[na'tʃaʎnik]
superieuren (mv.)	начальства (н)	[na'tʃaʎstva]
president (de)	прэзідэнт (м)	[prɛzi'dɛnt]
voorzitter (de)	старшыня (ж)	[starʃɪ'ɲa]

adjunct (de)	намеснік (м)	[na'mɛsʲnik]
assistent (de)	памочнік (м)	[pa'mɔtʃnik]
secretaris (de)	сакратар (м)	[sakra'tar]

persoonlijke assistent (de)	асабісты сакратар (м)	[asa'bistɪ sakra'tar]
zakenman (de)	бізнэсмен (м)	[biznɛsʲ'mɛn]
ondernemer (de)	прадпрымальнік (м)	[pratprɪ'maʎnik]
oprichter (de)	заснавальнік (м)	[zasna'vaʎnik]
oprichten (een nieuw bedrijf ~)	заснаваць	[zasna'vat͡s]
stichter (de)	заснавальнік (м)	[zasna'vaʎnik]
partner (de)	партнёр (м)	[part'nɜr]
aandeelhouder (de)	акцыянер (м)	[aktsɪja'nɛr]
miljonair (de)	мільянер (м)	[miʎja'nɛr]
miljardair (de)	мільярдэр (м)	[miʎjar'dɛr]
eigenaar (de)	уладальнік (м)	[ula'daʎnik]
landeigenaar (de)	землеўладальнік (м)	[zɛmlɛula'daʎnik]
klant (de)	кліент (м)	[kli'ɛnt]
vaste klant (de)	сталы кліент (м)	['stalɪ kli'ɛnt]
koper (de)	пакупнік (м)	[pakup'nik]
bezoeker (de)	наведвальнік (м)	[na'wɛdvaʎnik]
professioneel (de)	прафесіянал (м)	[prafɛsija'nal]
expert (de)	эксперт (м)	[ɛksʲ'pɛrt]
specialist (de)	спецыяліст (м)	[sʲpɛtsɪja'list]
bankier (de)	банкір (м)	[ba'ŋkir]
makelaar (de)	брокер (м)	['brɔkɛr]
kassier (de)	касір (м)	[ka'sir]
boekhouder (de)	бухгалтар (м)	[buɣ'ɣaltar]
bewaker (de)	ахоўнік (м)	[a'hɔunik]
investeerder (de)	інвестар (м)	[in'wɛstar]
schuldenaar (de)	даўжнік (м)	[dauʒ'nik]
crediteur (de)	крэдытор (м)	[krɛdɪ'tɔr]
lener (de)	пазычальнік (м)	[pazɪ'tʃaʎnik]
importeur (de)	імпарцёр (м)	[impar'tsɜr]
exporteur (de)	экспарцёр (м)	[ɛkspar'tsɜr]
producent (de)	вытворца (м)	[vɪt'vɔrtsa]
distributeur (de)	дыстрыб'ютар (м)	[dɪstrɪbʰ'jutar]
bemiddelaar (de)	пасярэднік (м)	[pasʲa'rɛdnik]
adviseur, consulent (de)	кансультант (м)	[kansuʎ'tant]
vertegenwoordiger (de)	прадстаўнік (м)	[pratsstau'nik]
agent (de)	агент (м)	[a'ɣɛnt]
verzekeringsagent (de)	страхавы агент (м)	[straha'vɪ a'ɣɛnt]

87. Dienstverlenende beroepen

kok (de)	повар (м)	['pɔvar]
chef-kok (de)	шэф-повар (м)	[ʃɛf'pɔvar]
bakker (de)	пекар (м)	['pɛkar]

barman (de)	бармэн (м)	[bar'mɛn]
kelner, ober (de)	афіцыянт (м)	[afitsı'jant]
serveerster (de)	афіцыянтка (ж)	[afitsı'jantka]
advocaat (de)	адвакат (м)	[adva'kat]
jurist (de)	юрыст (м)	[ju'rıst]
notaris (de)	натарыус (м)	[na'tarıus]
elektricien (de)	манцёр (м)	[man'tsɜr]
loodgieter (de)	сантэхнік (м)	[san'tɛhnik]
timmerman (de)	цясляр (м)	[tsʲasʲ'ʎar]
masseur (de)	масажыст (м)	[masa'ʒıst]
masseuse (de)	масажыстка (ж)	[masa'ʒıstka]
dokter, arts (de)	урач (м)	[u'ratʃ]
taxichauffeur (de)	таксіст (м)	[tak'sist]
chauffeur (de)	шафёр (м)	[ʃa'fɜr]
koerier (de)	кур'ер (м)	[kurʲ'ɛr]
kamermeisje (het)	пакаёўка (ж)	[pakaɔuka]
bewaker (de)	ахоўнік (м)	[a'hounik]
stewardess (de)	сцюардэса (ж)	[sʲtsyar'dɛsa]
meester (de)	настаўнік (м)	[nas'taunik]
bibliothecaris (de)	бібліятэкар (м)	[biblija'tɛkar]
vertaler (de)	перакладчык (м)	[pɛrak'latʃık]
tolk (de)	перакладчык (м)	[pɛrak'latʃık]
gids (de)	гід (м)	[ɣit]
kapper (de)	цырульнік (м)	[tsı'ruʎnik]
postbode (de)	паштальён (м)	[paʃta'ʎjɔn]
verkoper (de)	прадавец (м)	[prada'wɛts]
tuinman (de)	садоўнік (м)	[sa'dounik]
huisbediende (de)	слуга (м, ж)	[slu'ɣa]
dienstmeisje (het)	служанка (ж)	[slu'ʒaŋka]
schoonmaakster (de)	прыбіральшчыца (ж)	[prıbi'raʎʃtʃıtsa]

88. Militaire beroepen en rangen

soldaat (rang)	радавы (м)	[rada'vı]
sergeant (de)	сяржант (м)	[sʲar'ʒant]
luitenant (de)	лейтэнант (м)	[lɛjtɛ'nant]
kapitein (de)	капітан (м)	[kapi'tan]
majoor (de)	маёр (м)	[maɜr]
kolonel (de)	палкоўнік (м)	[pal'kounik]
generaal (de)	генерал (м)	[ɣɛnɛ'ral]
maarschalk (de)	маршал (м)	['marʃal]
admiraal (de)	адмірал (м)	[admi'ral]
militair (de)	вайсковец (м)	[vajs'kɔwɛts]
soldaat (de)	салдат (м)	[sal'dat]

officier (de)	афіцэр (м)	[afi'tsɛr]
commandant (de)	камандзір (м)	[kaman'dzir]
grenswachter (de)	パграничник (м)	[paɣra'nitʃnik]
marconist (de)	радыст (м)	[ra'dıst]
verkenner (de)	разведчык (м)	[razʲ'wɛtʃık]
sappeur (de)	сапёр (м)	[sa'pɔr]
schutter (de)	стралок (м)	[stra'lɔk]
stuurman (de)	штурман (м)	['ʃturman]

89. Ambtenaren. Priesters

koning (de)	кароль (м)	[ka'rɔʎ]
koningin (de)	каралева (ж)	[kara'lɛva]
prins (de)	прынц (м)	[prınts]
prinses (de)	прынцэса (ж)	[prın'tsɛsa]
tsaar (de)	цар (м)	[tsar]
tsarina (de)	царыца (ж)	[tsa'rıtsa]
president (de)	Прэзідэнт (м)	[prɛzi'dɛnt]
minister (de)	міністр (м)	[mi'nistr]
eerste minister (de)	прэм'ер-міністр (м)	[prɛmʰ'ɛr mi'nistr]
senator (de)	сенатар (м)	[sɛ'natar]
diplomaat (de)	дыпламат (м)	[dıpla'mat]
consul (de)	консул (м)	['kɔnsul]
ambassadeur (de)	пасол (м)	[pa'sɔl]
adviseur (de)	саветнік (м)	[sa'wɛtnik]
ambtenaar (de)	чыноўнік (м)	[tʃı'nɔunik]
prefect (de)	прэфект (м)	[prɛ'fɛkt]
burgemeester (de)	мэр (м)	[mɛr]
rechter (de)	суддзя (м)	[sud'dzʲa]
aanklager (de)	пракурор (м)	[praku'rɔr]
missionaris (de)	місіянер (м)	[misija'nɛr]
monnik (de)	манах (м)	[ma'nah]
abt (de)	абат (м)	[a'bat]
rabbi, rabbijn (de)	рабін (м)	[ra'bin]
vizier (de)	візір (м)	[wi'zir]
sjah (de)	шах (м)	[ʃah]
sjeik (de)	шэйх (м)	[ʃɛjh]

90. Agrarische beroepen

imker (de)	пчаляр (м)	[ptʃa'ʎar]
herder (de)	пастух (м)	[pas'tuh]
landbouwkundige (de)	аграном (м)	[aɣra'nɔm]

veehouder (de)	жывёлавод (м)	[ʒɪwɜla'vɔt]
dierenarts (de)	ветэрынар (м)	[wɛtɛrɪ'nar]
landbouwer (de)	фермер (м)	['fɛrmɛr]
wijnmaker (de)	вінароб (м)	[wina'rɔp]
zoöloog (de)	заолаг (м)	[za'ɔlah]
cowboy (de)	каўбой (м)	[kau'bɔj]

91. Kunst beroepen

acteur (de)	акцёр (м)	[ak'tsɜr]
actrice (de)	актрыса (ж)	[akt'rɪsa]
zanger (de)	спявак (м)	[sʲpʲa'vak]
zangeres (de)	спявачка (ж)	[sʲpʲa'vatʃka]
danser (de)	танцор (м)	[tan'tsɔr]
danseres (de)	танцоўшчыца (ж)	[tan'tsɔuʃtʃɪtsa]
artiest (mann.)	артыст (м)	[ar'tɪst]
artiest (vrouw.)	артыстка (ж)	[ar'tɪstka]
muzikant (de)	музыка (м)	[mu'zɪka]
pianist (de)	піяніст (м)	[pija'nist]
gitarist (de)	гітарыст (м)	[ɣita'rɪst]
orkestdirigent (de)	дырыжор (м)	[dɪrɪ'ʒɔr]
componist (de)	кампазітар (м)	[kampa'zitar]
impresario (de)	імпрэсарыо (м)	[imprɛ'sarɪɔ]
filmregisseur (de)	рэжысёр (м)	[rɛʒɪ'sɜr]
filmproducent (de)	прадзюсер (м)	[pra'dzysɛr]
scenarioschrijver (de)	сцэнарыст (м)	[stsɛna'rɪst]
criticus (de)	крытык (м)	['krɪtɪk]
schrijver (de)	пісьменнік (м)	[pisʲ'mɛŋik]
dichter (de)	паэт (м)	[pa'ɛt]
beeldhouwer (de)	скульптар (м)	['skuʎptar]
kunstenaar (de)	мастак (м)	[mas'tak]
jongleur (de)	жанглёр (м)	[ʒaŋ'lɜr]
clown (de)	клоун (м)	['klɔun]
acrobaat (de)	акрабат (м)	[akra'bat]
goochelaar (de)	фокуснік (м)	['fɔkusʲnik]

92. Verschillende beroepen

dokter, arts (de)	урач (м)	[u'ratʃ]
ziekenzuster (de)	медсястра (ж)	[mɛtsʲastʲra]
psychiater (de)	псіхіятр (м)	[psihi'jatr]
tandarts (de)	стаматолаг (м)	[stama'tɔlah]
chirurg (de)	хірург (м)	[hi'rurh]

astronaut (de)	астранаўт (м)	[astra'naut]
astronoom (de)	астраном (м)	[astra'nɔm]
chauffeur (de)	вадзіцель (м)	[va'dzitsɛʎ]
machinist (de)	машыніст (м)	[maʃɪ'nist]
mecanicien (de)	механік (м)	[mɛ'hanik]
mijnwerker (de)	шахцёр (м)	[ʃah'tsɜr]
arbeider (de)	рабочы (м)	[ra'bɔtʃɪ]
bankwerker (de)	слесар (м)	[sʲlɛsar]
houtbewerker (de)	сталяр (м)	[sta'ʎar]
draaier (de)	токар (м)	['tɔkar]
bouwvakker (de)	будаўнік (м)	[budau'nik]
lasser (de)	зваршчык (м)	['zvarʃtʃɪk]
professor (de)	прафесар (м)	[pra'fɛsar]
architect (de)	архітэктар (м)	[arhi'tɛktar]
historicus (de)	гісторык (м)	[ɣis'tɔrɪk]
wetenschapper (de)	навуковец (м)	[navu'kɔwɛts]
fysicus (de)	фізік (м)	['fizik]
scheikundige (de)	хімік (м)	['himik]
archeoloog (de)	археолаг (м)	[arhɛ'ɔlah]
geoloog (de)	геолаг (м)	[ɣɛ'ɔlah]
onderzoeker (de)	даследчык (м)	[dasʲ'lɛtʃɪk]
babysitter (de)	нянька (ж)	['ɲaɲka]
leraar, pedagoog (de)	педагог (м)	[pɛda'ɣɔh]
redacteur (de)	рэдактар (м)	[rɛ'daktar]
chef-redacteur (de)	галоўны рэдактар (м)	[ɣa'lɔunɪ rɛ'daktar]
correspondent (de)	карэспандэнт (м)	[karɛspan'dɛnt]
typiste (de)	машыністка (ж)	[maʃɪ'nistka]
designer (de)	дызайнер (м)	[dɪ'zajnɛr]
computerexpert (de)	камп'ютэршчык (м)	[kampʰʲjutɛrʃtʃɪk]
programmeur (de)	праграміст (м)	[praɣra'mist]
ingenieur (de)	інжынер (м)	[inʒɪ'nɛr]
matroos (de)	марак (м)	[ma'rak]
zeeman (de)	матрос (м)	[mat'rɔs]
redder (de)	ратавальнік (м)	[rata'vaʎnik]
brandweerman (de)	пажарны (м)	[pa'ʒarnɪ]
politieagent (de)	паліцэйскі (м)	[pali'tsɛjski]
nachtwaker (de)	вартаўнік (м)	[vartau'nik]
detective (de)	сышчык (м)	['sɪʃtʃɪk]
douanier (de)	мытнік (м)	['mɪtnik]
lijfwacht (de)	целаахоўнік (м)	[tsɛla:'hɔunik]
gevangenisbewaker (de)	наглядчык (м)	[naɣ'ʎatʃɪk]
inspecteur (de)	інспектар (м)	[insʲ'pɛktar]
sportman (de)	спартсмен (м)	[spartssʲ'mɛn]
trainer (de)	трэнер (м)	['trɛnɛr]
slager, beenhouwer (de)	мяснік (м)	[mʲasʲ'nik]

schoenlapper (de)	шавец (м)	[ʃa'wɛts]
handelaar (de)	камерсант (м)	[kamɛr'sant]
lader (de)	грузчык (м)	['ɣruʃtʃɪk]
kledingstilist (de)	мадэльер (м)	[madɛ'ʎjɛr]
model (het)	мадэль (ж)	[ma'dɛʎ]

93. Beroepen. Sociale status

scholier (de)	школьнік (м)	['ʃkɔʎnik]
student (de)	студэнт (м)	[stu'dɛnt]
filosoof (de)	філосаф (м)	[fi'lɔsaf]
econoom (de)	эканаміст (м)	[ɛkana'mist]
uitvinder (de)	вынаходца (м)	[vɪna'hɔtsa]
werkloze (de)	беспрацоўны (м)	[bɛspra'tsɔunɪ]
gepensioneerde (de)	пенсіянер (м)	[pɛnsija'nɛr]
spion (de)	шпіён (м)	[ʃpiɜn]
gedetineerde (de)	зняволены (м)	[zʲɲa'vɔlɛnɪ]
staker (de)	забастоўшчык (м)	[zabas'tɔuʃtʃɪk]
bureaucraat (de)	бюракрат (м)	[byrak'rat]
reiziger (de)	падарожнік (м)	[pada'rɔʒnik]
homoseksueel (de)	гомасексуаліст (м)	[ɣɔmasɛksua'list]
hacker (computerkraker)	хакер (м)	['hakɛr]
bandiet (de)	бандыт (м)	[ban'dɪt]
huurmoordenaar (de)	наёмны забойца (м)	[naɜmnɪ za'bɔjtsa]
drugsverslaafde (de)	наркаман (м)	[narka'man]
drugshandelaar (de)	наркагандляр (м)	[narkaɣand'ʎar]
prostituee (de)	прастытутка (ж)	[prastɪ'tutka]
pooier (de)	сутэнёр (м)	[sutɛ'nɜr]
tovenaar (de)	вядзьмак (м)	[vʲadzʲ'mak]
tovenares (de)	вядзьмарка (ж)	[vʲadzʲ'marka]
piraat (de)	пірат (м)	[pi'rat]
slaaf (de)	раб (м)	[rap]
samoerai (de)	самурай (м)	[samu'raj]
wilde (de)	дзікун (м)	[dzi'kun]

T&P Books. Thematische woordenschat Nederlands-Wit-Russisch - 5000 woorden

Onderwijs

94. School

school (de)	школа (ж)	['ʃkɔla]
schooldirecteur (de)	дырэктар (м) школы	[dɪ'rɛktar 'ʃkɔlɪ]
leerling (de)	вучань (м)	['vutʃaɲ]
leerlinge (de)	вучаніца (ж)	[vutʃa'nitsa]
scholier (de)	школьнік (м)	['ʃkɔʎnik]
scholiere (de)	школьніца (ж)	['ʃkɔʎnitsa]
leren (lesgeven)	навучаць	[navu'tʃatsʲ]
studeren (bijv. een taal ~)	вучыць	[vu'tʃɪtsʲ]
van buiten leren	вучыць напамяць	[vu'tʃɪtsʲ na'pamʲatsʲ]
leren (bijv. ~ tellen)	вучыцца	[vu'tʃɪtsa]
in school zijn	вучыцца	[vu'tʃɪtsa]
(schooljongen zijn)		
naar school gaan	ісці ў школу	[isʲ'tsi u 'ʃkɔlu]
alfabet (het)	алфавіт (м)	[alfa'wit]
vak (schoolvak)	прадмет (м)	[prad'mɛt]
klaslokaal (het)	клас (м)	[klas]
les (de)	урок (м)	[u'rɔk]
pauze (de)	перапынак (м)	[pɛra'pɪnak]
bel (de)	званок (м)	[zva'nɔk]
schooltafel (de)	парта (ж)	['parta]
schoolbord (het)	дошка (ж)	['dɔʃka]
cijfer (het)	адзнака (ж)	[adz'naka]
goed cijfer (het)	добрая адзнака (ж)	['dɔbraja adz'naka]
slecht cijfer (het)	дрэнная адзнака (ж)	['drɛnaja adz'naka]
een cijfer geven	ставіць адзнаку	['stawitsʲ adz'naku]
fout (de)	памылка (ж)	[pa'mɪlka]
fouten maken	рабіць памылкі	[ra'bitsʲ pa'mɪlki]
corrigeren (fouten ~)	выпраўляць	[vɪprau'ʎatsʲ]
spiekbriefje (het)	шпаргалка (ж)	[ʃparˈɣalka]
huiswerk (het)	дамашняе заданне (н)	[da'maʃɲaɛ za'daɲɛ]
oefening (de)	практыкаванне (н)	[praktɪka'vaɲɛ]
aanwezig zijn (ww)	прысутнічаць	[prɪ'sutnitʃatsʲ]
absent zijn (ww)	адсутнічаць	[a'tsutnitʃatsʲ]
bestraffen (een stout kind ~)	караць	[ka'ratsʲ]
bestraffing (de)	пакаранне (н)	[paka'raɲɛ]
gedrag (het)	паводзіны (мн)	[pa'vɔdzinɪ]

cijferlijst (de)	дзённік (м)	['dzɛŋik]
potlood (het)	аловак (м)	[a'lɔvak]
gom (de)	сцірка (ж)	['sʲtsirka]
krijt (het)	крэйда (ж)	['krɛjda]
pennendoos (de)	пенал (м)	[pɛ'nal]
boekentas (de)	партфель (м)	[part'fɛʎ]
pen (de)	ручка (ж)	['rutʃka]
schrift (de)	сшытак (м)	['ʃitak]
leerboek (het)	падручнік (м)	[pad'rutʃnik]
passer (de)	цыркуль (м)	['tsɪrkuʎ]
technisch tekenen (ww)	чарціць	[tʃar'tsitsʲ]
technische tekening (de)	чарцёж (м)	[tʃar'tsɜʃ]
gedicht (het)	верш (м)	[wɛrʃ]
van buiten (bw)	напамяць	[na'pamʲatsʲ]
van buiten leren	вучыць напамяць	[vu'tʃitsʲ na'pamʲatsʲ]
vakantie (de)	канікулы (мн)	[ka'nikulɪ]
met vakantie zijn	быць на канікулах	['bɪtsʲ na ka'nikulah]
toets (schriftelijke ~)	кантрольная работа (ж)	[kant'rɔʎnaja ra'bɔta]
opstel (het)	сачыненне (н)	[satʃɪ'nɛŋɛ]
dictee (het)	дыктоўка (ж)	[dɪk'tɔuka]
examen (het)	экзамен (м)	[ɛɣ'zamɛn]
examen afleggen	здаваць экзамены	[zda'vatsʲ ɛɣ'zamɛnɪ]
experiment (het)	дослед (м)	['dɔsʲlɛt]

95. Hogeschool. Universiteit

academie (de)	акадэмія (ж)	[aka'dɛmija]
universiteit (de)	універсітэт (м)	[uniwɛrsi'tɛt]
faculteit (de)	факультэт (м)	[fakuʎ'tɛt]
student (de)	студэнт (м)	[stu'dɛnt]
studente (de)	студэнтка (ж)	[stu'dɛntka]
leraar (de)	выкладчык (м)	[vɪk'latʃɪk]
collegezaal (de)	аўдыторыя (ж)	[audɪ'tɔrɪja]
afgestudeerde (de)	выпускнік (м)	[vɪpusk'nik]
diploma (het)	дыплом (м)	[dɪp'lɔm]
dissertatie (de)	дысертацыя (ж)	[dɪsɛr'tatsɪja]
onderzoek (het)	даследаванне (н)	[dasʲʲ'lɛdavaŋɛ]
laboratorium (het)	лабараторыя (ж)	[labara'tɔrɪja]
college (het)	лекцыя (ж)	['lɛktsɪja]
medestudent (de)	аднакурснік (м)	[adna'kursʲnik]
studiebeurs (de)	стыпендыя (ж)	[stɪ'pɛndɪja]
academische graad (de)	навуковая ступень (ж)	[navu'kɔvaja stu'pɛɲ]

96. Wetenschappen. Disciplines

wiskunde (de)	матэматыка (ж)	[matɛ'matɪka]
algebra (de)	алгебра (ж)	['alɣɛbra]
meetkunde (de)	геаметрыя (ж)	[ɣɛa'mɛtrɪja]
astronomie (de)	астраномія (ж)	[astra'nɔmija]
biologie (de)	біялогія (ж)	[bija'lɔɣija]
geografie (de)	геаграфія (ж)	[ɣɛaɣ'rafija]
geologie (de)	геалогія (ж)	[ɣɛa'lɔɣija]
geschiedenis (de)	гісторыя (ж)	[ɣis'tɔrɪja]
geneeskunde (de)	медыцына (ж)	[mɛdɪ'tsɪna]
pedagogiek (de)	педагогіка (ж)	[pɛda'ɣɔɣika]
rechten (mv.)	права (н)	['prava]
fysica, natuurkunde (de)	фізіка (ж)	['fizika]
scheikunde (de)	хімія (ж)	['himija]
filosofie (de)	філасофія (ж)	[fila'sɔfija]
psychologie (de)	псіхалогія (ж)	[psiha'lɔɣija]

97. Schrift. Spelling

grammatica (de)	граматыка (ж)	[ɣra'matɪka]
vocabulaire (het)	лексіка (ж)	['lɛksika]
fonetiek (de)	фанетыка (ж)	[fa'nɛtɪka]
zelfstandig naamwoord (het)	назоўнік (м)	[na'zɔunik]
bijvoeglijk naamwoord (het)	прыметнік (м)	[prɪ'mɛtnik]
werkwoord (het)	дзеяслоў (м)	[dzɛjas'lɔu]
bijwoord (het)	прыслоўе (н)	[prɪs'lɔuɛ]
voornaamwoord (het)	займеннік (м)	[zaj'mɛɲik]
tussenwerpsel (het)	выклічнік (м)	[vɪk'litʃnik]
voorzetsel (het)	прыназоўнік (м)	[prɪna'zɔunik]
stam (de)	корань (м) слова	['kɔraɲ 'slova]
achtervoegsel (het)	канчатак (м)	[kan'tʃatak]
voorvoegsel (het)	прыстаўка (ж)	[prɪs'tauka]
lettergreep (de)	склад (м)	[sklat]
achtervoegsel (het)	суфікс (м)	['sufiks]
nadruk (de)	націск (м)	['natsisk]
afkappingsteken (het)	апостраф (м)	[a'pɔstraf]
punt (de)	кропка (ж)	['krɔpka]
komma (de/het)	коска (ж)	['kɔska]
puntkomma (de)	кропка (ж) з коскай	['krɔpka s 'kɔskaj]
dubbelpunt (de)	двукроп'е (н)	[dvuk'rɔpʰɛ]
beletselteken (het)	шматкроп'е (н)	[ʃmatk'rɔpʰɛ]
vraagteken (het)	пытальнік (м)	[pɪ'taʎnik]
uitroepteken (het)	клічнік (м)	['klitʃnik]

aanhalingstekens (mv.)	двукоссе (н)	[dvu'kɔssɛ]
tussen aanhalingstekens (bw)	у двукоссі	[u dvu'kɔssi]
haakjes (mv.)	дужкі (ж мн)	['duʃki]
tussen haakjes (bw)	у дужках	[u 'duʃkah]

streepje (het)	дэфіс (м)	[dɛ'fis]
gedachtestreepje (het)	працяжнік (м)	[pra'tsʲaʒnik]
spatie	прабел (м)	[pra'bɛl]
(~ tussen twee woorden)		

letter (de)	літара (ж)	['litara]
hoofdletter (de)	вялікая літара (ж)	[vʲa'likaja 'litara]

klinker (de)	галосны гук (м)	[ɣa'lɔsnɪ 'ɣuk]
medeklinker (de)	зычны гук (м)	['zɪtʃnɪ 'ɣuk]

zin (de)	сказ (м)	[skas]
onderwerp (het)	дзейнік (м)	['dzɛjnik]
gezegde (het)	выказнік (м)	[vɪ'kazʲnik]

regel (in een tekst)	радок (м)	[ra'dɔk]
op een nieuwe regel (bw)	з новага радка	[z 'nɔvaɣa rat'ka]
alinea (de)	абзац (м)	[ab'zats]

woord (het)	слова (н)	['slɔva]
woordgroep (de)	словазлучэнне (н)	[slɔvazlu'tʃɛŋɛ]
uitdrukking (de)	выраз (м)	['vɪras]
synoniem (het)	сінонім (м)	[si'nɔnim]
antoniem (het)	антонім (м)	[an'tɔnim]

regel (de)	правіла (н)	['prawila]
uitzondering (de)	выключэнне (н)	[vɪkly'tʃɛŋɛ]
correct (bijv. ~e spelling)	правільны	['prawiʎnɪ]

vervoeging, conjugatie (de)	спражэнне (н)	[spra'ʒɛŋɛ]
verbuiging, declinatie (de)	скланенне (н)	[skla'nɛŋɛ]
naamval (de)	склон (м)	[sklɔn]
vraag (de)	пытанне (н)	[pɪ'taŋɛ]
onderstrepen (ww)	падкрэсліць	[patk'rɛsʲlits]
stippellijn (de)	пункцір (м)	[puŋk'tsir]

98. Vreemde talen

taal (de)	мова (ж)	['mɔva]
vreemde taal (de)	замежная мова (ж)	[za'mɛʒnaja 'mɔva]
leren (bijv. van buiten ~)	вывучаць	[vɪvu'tʃats]
studeren (Nederlands ~)	вучыць	[vu'tʃɪts]

lezen (ww)	чытаць	[tʃɪ'tats]
spreken (ww)	гаварыць	[ɣava'rɪts]
begrijpen (ww)	разумець	[razu'mɛts]
schrijven (ww)	пісаць	[pi'sats]
snel (bw)	хутка	['hutka]
langzaam (bw)	павольна	[pa'vɔʎna]

vloeiend (bw)	лёгка	['lɔhka]
regels (mv.)	правілы (н мн)	['prawilı]
grammatica (de)	граматыка (ж)	[ɣra'matıka]
vocabulaire (het)	лексіка (ж)	['lɛksika]
fonetiek (de)	фанетыка (ж)	[fa'nɛtıka]
leerboek (het)	падручнік (м)	[pad'rutʃnik]
woordenboek (het)	слоўнік (м)	['slɔunik]
leerboek (het) voor zelfstudie	самавучыцель (м)	[samavu'tʃıtsɛʎ]
taalgids (de)	размоўнік (м)	[raz'mɔunik]
cassette (de)	касета (ж)	[ka'sɛta]
videocassette (de)	відэакасета (ж)	[widɛaka'sɛta]
CD (de)	кампакт-дыск (м)	[kam'paɣd 'dısk]
DVD (de)	DVD (м)	[dziwi'dzi]
alfabet (het)	алфавіт (м)	[alfa'wit]
spellen (ww)	гаварыць па літарах	[ɣava'rıts pa 'litarah]
uitspraak (de)	вымаўленне (н)	[vımau'lɛŋɛ]
accent (het)	акцэнт (м)	[ak'tsɛnt]
met een accent (bw)	з акцэнтам	[z ak'tsɛntam]
zonder accent (bw)	без акцэнту	[bɛz ak'tsɛntu]
woord (het)	слова (н)	['slɔva]
betekenis (de)	сэнс (м)	[sɛns]
cursus (de)	курсы (м мн)	['kursı]
zich inschrijven (ww)	запісацца	[zapi'satsa]
leraar (de)	выкладчык (м)	[vık'latʃık]
vertaling (een ~ maken)	пераклад (м)	[pɛrak'lat]
vertaling (tekst)	пераклад (м)	[pɛrak'lat]
vertaler (de)	перакладчык (м)	[pɛrak'latʃık]
tolk (de)	перакладчык (м)	[pɛrak'latʃık]
polyglot (de)	паліглот (м)	[paliɣ'lɔt]
geheugen (het)	памяць (ж)	['pamʲats]

Rusten. Entertainment. Reizen

99. Trip. Reizen

toerisme (het)	турызм (м)	[tu'rızm]
toerist (de)	турыст (м)	[tu'rıst]
reis (de)	падарожжа (н)	[pada'roʐa]
avontuur (het)	прыгода (ж)	[prɪ'ɣɔda]
tocht (de)	паездка (ж)	[pa'ɛstka]
vakantie (de)	водпуск (м)	['vɔtpusk]
met vakantie zijn	быць у водпуску	['bɪts u 'vɔtpusku]
rust (de)	адпачынак (м)	[atpa'tʃɪnak]
trein (de)	цягнік (м)	[tsʲaɣ'nik]
met de trein	цягніком	[tsʲaɣni'kɔm]
vliegtuig (het)	самалёт (м)	[sama'lɔt]
met het vliegtuig	самалётам	[sama'lɔtam]
met de auto	на аўтамабілі	[na autama'bili]
per schip (bw)	на караблі	[na karab'li]
bagage (de)	багаж (м)	[ba'ɣaʃ]
valies (de)	чамадан (м)	[tʃama'dan]
bagagekarretje (het)	каляска (ж) (для багажу)	[ka'ʎaska]
paspoort (het)	пашпарт (м)	['paʃpart]
visum (het)	віза (ж)	['wiza]
kaartje (het)	білет (м)	[bi'lɛt]
vliegticket (het)	авіябілет (м)	[awijabi'lɛt]
reisgids (de)	даведнік (м)	[da'wɛdnik]
kaart (de)	карта (ж)	['karta]
gebied (landelijk ~)	мясцовасць (ж)	[mʲas'tsɔvasʲts]
plaats (de)	месца (н)	['mɛstsa]
exotische bestemming (de)	экзотыка (ж)	[ɛɣ'zɔtıka]
exotisch (bn)	экзатычны	[ɛɣza'tıtʃnı]
verwonderlijk (bn)	дзівосны	[dzi'vɔsnı]
groep (de)	група (ж)	['ɣrupa]
rondleiding (de)	экскурсія (ж)	[ɛks'kursija]
gids (de)	экскурсавод (м)	[ɛkskursa'vɔt]

100. Hotel

hotel (het)	гасцініца (ж)	[ɣasʲ'tsinitsa]
motel (het)	матэль (м)	[ma'tɛʎ]
3-sterren	тры зоркі	[trı 'zɔrki]

Nederlands	Беларуская	Uitspraak
5-sterren	пяць зорак	[pʲadzʲ 'zɔrak]
overnachten (ww)	спыніцца	[spɪ'nitsa]
kamer (de)	нумар (м)	['numar]
eenpersoonskamer (de)	аднамесны нумар (м)	[adna'mɛsnɪ 'numar]
tweepersoonskamer (de)	двухмесны нумар (м)	[dvuh'mɛsnɪ 'numar]
een kamer reserveren	браніраваць нумар	[bra'niravatsʲ 'numar]
halfpension (het)	паўпансіён (м)	[paupansiɜn]
volpension (het)	поўны пансіён (м)	['pɔunɪ pansiɜn]
met badkamer	з ваннай	[z 'vaŋaj]
met douche	з душам	[z 'duʃam]
satelliet-tv (de)	спадарожнікавае тэлебачанне (н)	[spada'rɔʒnikavaɛ tɛlɛ'batʃaŋɛ]
airconditioner (de)	кандыцыянер (м)	[kandɪtsɪja'nɛr]
handdoek (de)	ручнік (м)	[rutʃ'nik]
sleutel (de)	ключ (м)	[klytʃ]
administrateur (de)	адміністратар (м)	[administ'ratar]
kamermeisje (het)	пакаёўка (ж)	[paka³uka]
piccolo (de)	насільшчык (м)	[na'siʎʃtʃɪk]
portier (de)	парцье (м)	[par'tsjɛ]
restaurant (het)	рэстаран (м)	[rɛsta'ran]
bar (de)	бар (м)	[bar]
ontbijt (het)	сняданак (м)	[sʲɲa'danak]
avondeten (het)	вячэра (ж)	[vʲa'tʃɛra]
buffet (het)	шведскі стол (м)	['ʃwɛtski 'stɔl]
hal (de)	вестыбюль (м)	[wɛstɪ'byʎ]
lift (de)	ліфт (м)	[lift]
NIET STOREN	НЕ ТУРБАВАЦЬ	[nɛ turba'vatsʲ]
VERBODEN TE ROKEN!	НЕ КУРЫЦЬ!	[nɛ ku'rɪtsʲ]

TECHNISCHE APPARATUUR. VERVOER

Technische apparatuur

101. Computer

computer (de)	камп'ютэр (м)	[kampʰʲjutɛr]
laptop (de)	ноўтбук (м)	['nɔudbuk]
aanzetten (ww)	уключыць	[ukly'tʃıts]
uitzetten (ww)	выключыць	['vıklytʃıts]
toetsenbord (het)	клавіятура (ж)	[klawija'tura]
toets (enter~)	клавіша (ж)	['klawiʃa]
muis (de)	мыш (ж)	[mıʃ]
muismat (de)	дыванок (м)	[dıva'nɔk]
knopje (het)	кнопка (ж)	['knɔpka]
cursor (de)	курсор (м)	[kur'sɔr]
monitor (de)	манітор (м)	[mani'tɔr]
scherm (het)	экран (м)	[ɛk'ran]
harde schijf (de)	цвёрды дыск (м)	['tswɜrdı 'dısk]
volume (het) van de harde schijf	аб'ём (м) цвёрдага дыска	[abʰɜm 'tswɜrdaɣa 'dıska]
geheugen (het)	памяць (ж)	['pamʲatsʲ]
RAM-geheugen (het)	аператыўная памяць (ж)	[apɛra'tıunaja 'pamʲatsʲ]
bestand (het)	файл (м)	[fajl]
folder (de)	папка (ж)	['papka]
openen (ww)	адкрыць	[atk'rıtsʲ]
sluiten (ww)	закрыць	[zak'rıtsʲ]
opslaan (ww)	захаваць	[zaha'vatsʲ]
verwijderen (wissen)	выдаліць	['vıdalitsʲ]
kopiëren (ww)	скапіраваць	[ska'piravatsʲ]
sorteren (ww)	сартаваць	[sarta'vatsʲ]
overplaatsen (ww)	перапісаць	[pɛrapi'satsʲ]
programma (het)	праграма (ж)	[praɣ'rama]
software (de)	праграмнае забеспячэнне (н)	[praɣ'ramnaɛ zabɛsʲpʲa'tʃɛɲɛ]
programmeur (de)	праграміст (м)	[praɣra'mist]
programmeren (ww)	праграміраваць	[praɣra'miravatsʲ]
hacker (computerkraker)	хакер (м)	['hakɛr]
wachtwoord (het)	пароль (м)	[pa'rɔʎ]
virus (het)	вірус (м)	['wirus]

ontdekken (virus ~)	знайсці	[znajsʲˈtsi]
byte (de)	байт (м)	[bajt]
megabyte (de)	мегабайт (м)	[mɛɣaˈbajt]
data (de)	даныя (мн)	[ˈdanıja]
databank (de)	база (ж) даных	[ˈbaza ˈdanıh]
kabel (USB-~, enz.)	кабель (м)	[ˈkabɛʎ]
afsluiten (ww)	адлучыць	[adluˈtʃıts]
aansluiten op (ww)	далучыць	[daluˈtʃıts]

102. Internet. E-mail

internet (het)	інтэрнэт (м)	[intɛrˈnɛt]
browser (de)	браўзер (м)	[ˈbrauzɛr]
zoekmachine (de)	пошукавы рэсурс (м)	[ˈpoʃukavı rɛˈsurs]
internetprovider (de)	правайдэр (м)	[praˈvajdɛr]
webmaster (de)	вэб-майстар (м)	[vɛbˈmajstar]
website (de)	вэб-сайт (м)	[vɛpˈsajt]
webpagina (de)	вэб-старонка (ж)	[ˈvɛp staˈrɔŋka]
adres (het)	адрас (м)	[ˈadras]
adresboek (het)	адрасная кніга (ж)	[ˈadrasnaja ˈkniɣa]
postvak (het)	паштовая скрынка (ж)	[paʃˈtɔvaja ˈskrıŋka]
post (de)	пошта (ж)	[ˈpoʃta]
bericht (het)	паведамленне (н)	[pawɛdamˈlɛɲɛ]
verzender (de)	адпраўшчык (м)	[atpˈrauʃtʃık]
verzenden (ww)	адправіць	[atpˈrɔwitɕ]
verzending (de)	адпраўка (ж)	[atpˈrauka]
ontvanger (de)	атрымальнік (м)	[atrıˈmaʎnik]
ontvangen (ww)	атрымаць	[atrıˈmats]
correspondentie (de)	перапіска (ж)	[pɛraˈpiska]
corresponderen (met ...)	перапісвацца	[pɛraˈpisvatsa]
bestand (het)	файл (м)	[fajl]
downloaden (ww)	спампаваць	[spampaˈvats]
creëren (ww)	стварыць	[stvaˈrıts]
verwijderen (een bestand ~)	выдаліць	[ˈvıdalits]
verwijderd (bn)	выдалены	[ˈvıdalɛnı]
verbinding (de)	сувязь (ж)	[ˈsuvʲasʲ]
snelheid (de)	хуткасць (ж)	[ˈhutkasʲts]
modem (de)	мадэм (м)	[maˈdɛm]
toegang (de)	доступ (м)	[ˈdɔstup]
poort (de)	порт (м)	[pɔrt]
aansluiting (de)	падключэнне (н)	[patklyˈtʃɛŋɛ]
zich aansluiten (ww)	падключыцца	[patklyˈtʃıtsa]
selecteren (ww)	выбраць	[ˈvıbrats]
zoeken (ww)	шукаць	[ʃuˈkats]

103. Elektriciteit

elektriciteit (de)	электрычнасць (ж)	[ɛlɛkt'rɪtʃnasʲts]
elektrisch (bn)	электрычны	[ɛlɛkt'rɪtʃnɪ]
elektriciteitscentrale (de)	электрастанцыя (ж)	[ɛlɛktras'tantsɪja]
energie (de)	энергія (ж)	[ɛ'nɛrɣija]
elektrisch vermogen (het)	электраэнергія (ж)	[ɛlɛktraɛ'nɛrɣija]
lamp (de)	лямпачка (ж)	['ʎampatʃka]
zaklamp (de)	ліхтар (м)	[lih'tar]
straatlantaarn (de)	ліхтар (м)	[lih'tar]
licht (elektriciteit)	святло (н)	[sʲvʲat'lɔ]
aandoen (ww)	уключаць	[ukly'tʃats]
uitdoen (ww)	выключаць	[vɪkly'tʃats]
het licht uitdoen	пагасіць святло	[paɣa'sits sʲvʲat'lɔ]
doorbranden (gloeilamp)	перагарэць	[pɛraɣa'rɛts]
kortsluiting (de)	кароткае замыканне (н)	[ka'rɔtkaɛ zamɪ'kaɲɛ]
onderbreking (de)	абрыў (м)	[ab'rɪu]
contact (het)	кантакт (м)	[kan'takt]
schakelaar (de)	выключальнік (м)	[vɪkly'tʃaʎnik]
stopcontact (het)	разетка (ж)	[ra'zɛtka]
stekker (de)	вілка (ж)	['wilka]
verlengsnoer (de)	падаўжальнік (м)	[padau'ʒaʎnik]
zekering (de)	засцерагальнік (м)	[zasʲtsɛra'ɣaʎnik]
kabel (de)	провад (м)	['prɔvat]
bedrading (de)	праводка (ж)	[pra'vɔtka]
ampère (de)	ампер (м)	[am'pɛr]
stroomsterkte (de)	сіла (ж) току	['sila 'tɔku]
volt (de)	вольт (м)	[vɔʎt]
spanning (de)	напружанне (н)	[nap'ruʒaɲɛ]
elektrisch toestel (het)	электрапрыбор (м)	[ɛlɛktraprɪ'bɔr]
indicator (de)	індыкатар (м)	[indɪ'katar]
electricien (de)	электрык (м)	[ɛ'lɛktrɪk]
solderen (ww)	паяць	[pa'jats]
soldeerbout (de)	паяльнік (м)	[pa'jaʎnik]
stroom (de)	ток (м)	[tɔk]

104. Gereedschappen

werktuig (stuk gereedschap)	інструмент (м)	[instru'mɛnt]
gereedschap (het)	інструменты (м мн)	[instru'mɛntɪ]
uitrusting (de)	абсталяванне (н)	[apstaʎa'vaɲɛ]
hamer (de)	малаток (м)	[mala'tɔk]
schroevendraaier (de)	адвёртка (ж)	[ad'wɜrtka]
bijl (de)	сякера (ж)	[sʲa'kɛra]

zaag (de)	піла (ж)	[pi'la]
zagen (ww)	пілаваць	[pila'vaʦ]
schaaf (de)	гэбель (м)	['ɣɛbɛʎ]
schaven (ww)	габляваць	[ɣabʎa'vaʦ]
soldeerbout (de)	паяльнік (м)	[pa'jaʎnik]
solderen (ww)	паяць	[pa'jaʦ]
vijl (de)	напільнік (м)	[na'piʎnik]
nijptang (de)	абцугі (мн)	[apʦu'ɣi]
combinatietang (de)	пласкагубцы (мн)	[plaska'ɣupʦi]
beitel (de)	стамеска (ж)	[sta'mɛska]
boorkop (de)	свердзел (м)	['sʲwɛrdzɛl]
boormachine (de)	дрыль (м)	[drɪʎ]
boren (ww)	свідраваць	[sʲwidra'vaʦ]
mes (het)	нож (м)	[nɔʃ]
zakmes (het)	кішэнны нож (м)	[ki'ʃɛnɪ 'nɔʃ]
knip- (abn)	складаны	[skla'danɪ]
lemmet (het)	лязо (н)	[ʎa'zɔ]
scherp (bijv. ~ mes)	востры	['vɔstrɪ]
bot (bn)	тупы	[tu'pɪ]
bot raken (ww)	затупіцца	[zatu'piʦa]
slijpen (een mes ~)	вастрыць	[vast'rɪʦ]
bout (de)	болт (м)	[bɔlt]
moer (de)	гайка (ж)	['ɣajka]
schroefdraad (de)	разьба (ж)	[razʲ'ba]
houtschroef (de)	шруба (ж)	['ʃruba]
nagel (de)	цвік (м)	[ʦwik]
kop (de)	плешка (ж)	['plɛʃka]
liniaal (de/het)	лінейка (ж)	[li'nɛjka]
rolmeter (de)	рулетка (ж)	[ru'lɛtka]
waterpas (de/het)	ватэрпас (м)	[vatɛr'pas]
loep (de)	лупа (ж)	['lupa]
meetinstrument (het)	вымяральны прыбор (м)	[vɪmʲa'raʎnɪ prɪ'bɔr]
opmeten (ww)	вымяраць	[vɪmʲa'raʦ]
schaal (meetschaal)	шкала (ж)	[ʃka'la]
gegevens (mv.)	паказанне (н)	[paka'zaŋɛ]
compressor (de)	кампрэсар (м)	[kamp'rɛsar]
microscoop (de)	мікраскоп (м)	[mikras'kɔp]
pomp (de)	помпа (ж)	['pɔmpa]
robot (de)	робат (м)	['rɔbat]
laser (de)	лазер (м)	['lazɛr]
moersleutel (de)	гаечны ключ (м)	['ɣaɛʧnɪ 'klyʧ]
plakband (de)	стужка-скотч (ж)	['stuʃka 'skɔʧ]
lijm (de)	клей (м)	[klɛj]
schuurpapier (het)	наждачная папера (ж)	[naʒ'daʧnaja pa'pɛra]
veer (de)	спружына (ж)	[spru'ʒɪna]

magneet (de)	магніт (м)	[maɣ'nit]
handschoenen (mv.)	пальчаткі (ж мн)	[paʎ'tʃatki]
touw (bijv. henneptouw)	вяроўка (ж)	[vʲa'rouka]
snoer (het)	шнур (м)	[ʃnur]
draad (de)	провад (м)	['prɔvat]
kabel (de)	кабель (м)	['kabɛʎ]
moker (de)	кувалда (ж)	[ku'valda]
breekijzer (het)	лом (м)	[lɔm]
ladder (de)	лескі (мн)	['lɛski]
trapje (inklapbaar ~)	драбіны (ж мн)	[dra'binɪ]
aanschroeven (ww)	закручваць	[zak'rutʃvats]
losschroeven (ww)	адкручваць	[atk'rutʃvats]
dichtpersen (ww)	заціскаць	[zatsis'kats]
vastlijmen (ww)	прыклейваць	[prɪk'lɛjvats]
snijden (ww)	рэзаць	['rɛzats]
defect (het)	няспраўнасць (ж)	[ɲasp'raunasʲts]
reparatie (de)	папраўка (ж)	[pap'rauka]
repareren (ww)	рамантаваць	[ramanta'vats]
regelen (een machine ~)	рэгуляваць	[rɛɣuʎa'vats]
nakijken (ww)	правяраць	[pravʲa'rats]
controle (de)	праверка (ж)	[pra'wɛrka]
gegevens (mv.)	паказанне (н)	[paka'zaŋɛ]
degelijk (bijv. ~ machine)	надзейны	[na'dzɛjnɪ]
ingewikkeld (bn)	складаны	[skla'danɪ]
roesten (ww)	іржавець	[irʒa'wɛts]
roestig (bn)	іржавы	[ir'ʒavɪ]
roest (de/het)	іржа (ж)	[ir'ʒa]

Vervoer

105. Vliegtuig

vliegtuig (het)	самалёт (м)	[sama'lɔt]
vliegticket (het)	авіябілет (м)	[awijabi'lɛt]
luchtvaartmaatschappij (de)	авіякампанія (ж)	[awijakam'panija]
luchthaven (de)	аэрапорт (м)	[aɛra'pɔrt]
supersonisch (bn)	звышгукавы	[zvɪʒɣuka'vɪ]
gezagvoerder (de)	камандзір (м) карабля	[kaman'dzir karab'ʎa]
bemanning (de)	экіпаж (м)	[ɛki'paʃ]
piloot (de)	пілот (м)	[pi'lɔt]
stewardess (de)	сцюардэса (ж)	[sʲtsyar'dɛsa]
stuurman (de)	штурман (м)	['ʃturman]
vleugels (mv.)	крылы (н мн)	['krılı]
staart (de)	хвост (м)	[hvɔst]
cabine (de)	кабіна (ж)	[ka'bina]
motor (de)	рухавік (м)	[ruha'wik]
landingsgestel (het)	шасі (н)	[ʃa'si]
turbine (de)	турбіна (ж)	[tur'bina]
propeller (de)	прапелер (м)	[pra'pɛlɛr]
zwarte doos (de)	чорная скрынка (ж)	['tʃɔrnaja 'skrɪŋka]
stuur (het)	штурвал (м)	[ʃtur'val]
brandstof (de)	гаручае (н)	[ɣarʊ'tʃaɛ]
veiligheidskaart (de)	інструкцыя (ж)	[inst'ruktsɪja]
zuurstofmasker (het)	кіслародная маска (ж)	[kisla'rɔdnaja 'maska]
uniform (het)	уніформа (ж)	[uni'fɔrma]
reddingsvest (de)	выратавальная камізэлька (ж)	[vɪrata'vaʎnaja kami'zɛʎka]
parachute (de)	парашут (м)	[para'ʃut]
opstijgen (het)	узлёт (м)	[uzʲ'lɔt]
opstijgen (ww)	узляцаць	[uzʲʎa'tats]
startbaan (de)	узлётная паласа (ж)	[uzʲ'lɔtnaja pala'sa]
zicht (het)	бачнасць (ж)	['batʃnasʲts]
vlucht (de)	палёт (м)	[pa'lɔt]
hoogte (de)	вышыня (ж)	[vɪʃɪ'ɲa]
luchtzak (de)	паветраная яма (ж)	[pa'wɛtranaja 'jama]
plaats (de)	месца (н)	['mɛstsa]
koptelefoon (de)	навушнікі (м мн)	[na'vuʃniki]
tafeltje (het)	адкідны столік (м)	[atkid'nı 'stɔlik]
venster (het)	ілюмінатар (м)	[ilymi'natar]
gangpad (het)	праход (м)	[pra'hɔt]

106. Trein

trein (de)	цягнік (м)	[ʦʲayʼnik]
elektrische trein (de)	электрацягнік (м)	[ɛlɛktraʦʲayʼnik]
sneltrein (de)	хуткі цягнік (м)	[ˈhutki ʦʲayʼnik]
diesellocomotief (de)	цеплавоз (м)	[ʦɛplaˈvɔs]
locomotief (de)	паравоз (м)	[paraˈvɔs]
rijtuig (het)	вагон (м)	[vaˈɣɔn]
restauratierijtuig (het)	вагон-рэстаран (м)	[vaˈɣɔn rɛstaˈran]
rails (mv.)	рэйкі (ж мн)	[ˈrɛjki]
spoorweg (de)	чыгунка (ж)	[ʧʲiˈɣuŋka]
dwarsligger (de)	шпала (ж)	[ˈʃpala]
perron (het)	платформа (ж)	[platˈfɔrma]
spoor (het)	пуць (м)	[puʦ]
semafoor (de)	семафор (м)	[sɛmaˈfɔr]
halte (bijv. kleine treinhalte)	станцыя (ж)	[ˈstanʦija]
machinist (de)	машыніст (м)	[maʃiˈnist]
kruier (de)	насільшчык (м)	[naˈsiʎʃʧik]
conducteur (de)	праваднік (м)	[pravadˈnik]
passagier (de)	пасажыр (м)	[pasaˈʒir]
controleur (de)	кантралёр (м)	[kantraˈlɜr]
gang (in een trein)	калідор (м)	[kaliˈdɔr]
noodrem (de)	стоп-кран (м)	[stɔpkˈran]
coupé (de)	купэ (н)	[kuˈpɛ]
bed (slaapplaats)	лаўка (ж)	[ˈlauka]
bovenste bed (het)	лаўка (ж) верхняя	[ˈlauka ˈwɛrhnaja]
onderste bed (het)	лаўка (ж) ніжняя	[ˈlauka ˈniʒnaja]
beddengoed (het)	пасцельная бялізна (ж)	[pasʲˈʦɛʎnaja bʲaˈlizna]
kaartje (het)	білет (м)	[biˈlɛt]
dienstregeling (de)	расклад (м)	[raskˈlat]
informatiebord (het)	табло (н)	[tabˈlɔ]
vertrekken (De trein vertrekt ...)	адыходзіць	[adiˈhɔʣiʦ]
vertrek (ov. een trein)	адпраўленне (н)	[atprauˈlɛŋɛ]
aankomen (ov. de treinen)	прыбываць	[pribiˈvaʦ]
aankomst (de)	прыбыццё (н)	[pribiˈʦɜ]
aankomen per trein	прыехаць цягніком	[priˈɛhaʦ ʦʲayniˈkɔm]
in de trein stappen	сесці на цягнік	[ˈsɛsʲʦi na ʦʲayˈnik]
uit de trein stappen	сысці з цягніка	[sisʲˈʦi sʲ ʦʲayniˈka]
treinwrak (het)	крушэнне (н)	[kruˈʃɛŋɛ]
locomotief (de)	паравоз (м)	[paraˈvɔs]
stoker (de)	качагар (м)	[kaʧaˈɣar]
stookplaats (de)	топка (ж)	[ˈtɔpka]
steenkool (de)	вугаль (м)	[ˈvuɣaʎ]

107. Schip

schip (het)	карабель (м)	[kara'bɛʎ]
vaartuig (het)	судна (н)	['sudna]
stoomboot (de)	параход (м)	[para'hɔt]
motorschip (het)	цеплаход (м)	[tsɛpla'hɔt]
lijnschip (het)	лайнер (м)	['lajnɛr]
kruiser (de)	крэйсер (м)	['krɛjsɛr]
jacht (het)	яхта (ж)	['jahta]
sleepboot (de)	буксір (м)	[buk'sir]
duwbak (de)	баржа (ж)	['barʒa]
ferryboot (de)	паром (м)	[pa'rɔm]
zeilboot (de)	паруснік (м)	['parusʲnik]
brigantijn (de)	брыганціна (ж)	[brɨɣan'tsina]
IJsbreker (de)	ледакол (м)	[lɛda'kɔl]
duikboot (de)	лодка (ж) падводная	['lɔtka pad'vɔdnaja]
boot (de)	лодка (ж)	['lɔtka]
sloep (de)	шлюпка (ж)	['ʃlypka]
reddingssloep (de)	шлюпка (ж) выратавальная	['ʃlypka vɨrata'vaʎnaja]
motorboot (de)	катэр (м)	['katɛr]
kapitein (de)	капітан (м)	[kapi'tan]
zeeman (de)	матрос (м)	[mat'rɔs]
matroos (de)	марак (м)	[ma'rak]
bemanning (de)	экіпаж (м)	[ɛki'paʃ]
bootsman (de)	боцман (м)	['bɔtsman]
scheepsjongen (de)	юнга (м)	['juŋa]
kok (de)	кок (м)	[kɔk]
scheepsarts (de)	суднавы ўрач (м)	['sudnavɨ u'ratʃ]
dek (het)	палуба (ж)	['paluba]
mast (de)	мачта (ж)	['matʃta]
zeil (het)	парус (м)	['parus]
ruim (het)	трум (м)	[trum]
voorsteven (de)	нос (м)	[nɔs]
achtersteven (de)	карма (ж)	[kar'ma]
roeispaan (de)	вясло (н)	[vʲas'lɔ]
schroef (de)	вінт (м)	[wint]
kajuit (de)	каюта (ж)	[ka'juta]
officierskamer (de)	кают-кампанія (ж)	[ka'jut kam'panija]
machinekamer (de)	машыннае аддзяленне (н)	[ma'ʃɨnae addzʲa'lɛnʲɛ]
brug (de)	капітанскі мосцік (м)	[kapi'tanski 'mɔsʲtsik]
radiokamer (de)	радыёрубка (ж)	[radɨɔrupka]
radiogolf (de)	хваля (ж)	['hvaʎa]
logboek (het)	суднавы журнал (м)	['sudnavɨ ʒur'nal]
verrekijker (de)	падзорная труба (ж)	[pa'dzɔrnaja tru'ba]
klok (de)	звон (м)	[zvɔn]

vlag (de)	сцяг (м)	[sʲtsʲah]
kabel (de)	канат (м)	[ka'nat]
knoop (de)	вузел (м)	['vuzɛl]

| trapleuning (de) | поручань (м) | ['pɔrutʃaɲ] |
| trap (de) | трап (м) | [trap] |

anker (het)	якар (м)	['jakar]
het anker lichten	падняць якар	[pad'ɲats 'jakar]
het anker neerlaten	кінуць якар	['kinuts 'jakar]
ankerketting (de)	якарны ланцуг (м)	['jakarnı lan'tsuh]

haven (bijv. containerhaven)	порт (м)	[pɔrt]
kaai (de)	прычал (м)	[prı'tʃal]
aanleggen (ww)	прычальваць	[prı'tʃaʎvats]
wegvaren (ww)	адчальваць	[a'tʃaʎvats]

reis (de)	падарожжа (н)	[pada'rɔʐa]
cruise (de)	круіз (м)	[kru'is]
koers (de)	курс (м)	[kurs]
route (de)	маршрут (м)	[marʃ'rut]

vaarwater (het)	фарватэр (м)	[far'vatɛr]
zandbank (de)	мель (ж)	[mɛʎ]
stranden (ww)	сесці на мель	['sɛsʲtsi na 'mɛʎ]

storm (de)	бура (ж)	['bura]
signaal (het)	сігнал (м)	[siɣ'nal]
zinken (ov. een boot)	тануць	[ta'nuts]
SOS (noodsignaal)	SOS	[sɔs]
reddingsboei (de)	выратавальны круг (м)	[vırata'vaʎnı kruh]

108. Vliegveld

luchthaven (de)	аэрапорт (м)	[aɛra'pɔrt]
vliegtuig (het)	самалёт (м)	[sama'lɔt]
luchtvaartmaatschappij (de)	авіякампанія (ж)	[awijakam'panija]
luchtverkeersleider (de)	дыспетчар (м)	[dısʲ'pɛtʃar]

vertrek (het)	вылет (м)	['vılɛt]
aankomst (de)	прылёт (м)	[prı'lɔt]
aankomen (per vliegtuig)	прыляцець	[prıʎa'tsɛts]

| vertrektijd (de) | час (м) вылету | ['tʃas 'vılɛtu] |
| aankomstuur (het) | час (м) прылёту | ['tʃas prı'lɔtu] |

| vertraagd zijn (ww) | затрымлівацца | [zat'rımlivatsa] |
| vluchtvertraging (de) | затрымка (ж) вылету | [zat'rımka 'vılɛtu] |

informatiebord (het)	інфармацыйнае табло (н)	[infarma'tsıjnaɛ tab'lɔ]
informatie (de)	інфармацыя (ж)	[infar'matsıja]
aankondigen (ww)	абвяшчаць	[abvʲaʃ'tʃats]
vlucht (bijv. KLM ~)	рэйс (м)	[rɛjs]
douane (de)	мытня (ж)	['mıtɲa]

douanier (de)	мытнік (м)	['mɪtnik]
douaneaangifte (de)	дэкларацыя (ж)	[dɛkla'ratsɪja]
invullen (douaneaangifte ~)	запоўніць	[za'pɔunits]
paspoortcontrole (de)	пашпартны кантроль (м)	['paʃpartnɪ kant'rɔʎ]

bagage (de)	багаж (м)	[ba'ɣaʃ]
handbagage (de)	ручная паклажа (ж)	[rutʃ'naja pak'laʒa]
Gevonden voorwerpen	пошукі (мн) багажу	['poʃuki baɣa'ʒu]
bagagekarretje (het)	каляска (ж) (для багажу)	[ka'ʎaska]

landing (de)	пасадка (ж)	[pa'satka]
landingsbaan (de)	пасадачная паласа (ж)	[pa'sadatʃnaja pala'sa]
landen (ww)	садзіцца	[sa'dzitsa]
vliegtuigtrap (de)	трап (м)	[trap]

inchecken (het)	рэгістрацыя (ж)	[rɛɣist'ratsɪja]
incheckbalie (de)	стойка (ж) рэгістрацыі	['stɔjka rɛɣist'ratsɪi]
inchecken (ww)	зарэгістравацца	[zarɛɣistra'vatsa]
instapkaart (de)	пасадачны талон (м)	[pa'sadatʃnɪ ta'lɔn]
gate (de)	выхад (м)	['vɪhat]

transit (de)	транзіт (м)	[tran'zit]
wachten (ww)	чакаць	[tʃa'kats]
wachtzaal (de)	зала (ж) чакання	['zala tʃa'kanja]
begeleiden (uitwuiven)	праводзіць	[pra'vodzits]
afscheid nemen (ww)	развітвацца	[razʲ'witvatsa]

Gebeurtenissen in het leven

109. Vakanties. Evenement

feest (het)	свята (н)	[ˈsʲvʲata]
nationale feestdag (de)	нацыянальнае свята (н)	[natsɨjaˈnaʎnaɛ ˈsʲvʲata]
feestdag (de)	святочны дзень (м)	[sʲvʲaˈtotʃnɨ ˈdzɛɲ]
herdenken (ww)	святкаваць	[sʲvʲatkaˈvats]
gebeurtenis (de)	падзея (ж)	[paˈdzɛja]
evenement (het)	мерапрыемства (н)	[mɛraprɨˈɛmstva]
banket (het)	банкет (м)	[baˈŋkɛt]
receptie (de)	прыём (м)	[prɨɔm]
feestmaal (het)	бяседа (ж)	[bʲaˈsɛda]
verjaardag (de)	гадавіна (ж)	[ɣadaˈwina]
jubileum (het)	юбілей (м)	[jubiˈlɛj]
vieren (ww)	адзначыць	[adzˈnatʃɨts]
Nieuwjaar (het)	Новы год (м)	[ˈnɔvɨ ˈɣɔt]
Gelukkig Nieuwjaar!	З Новым годам!	[z ˈnɔvɨm ˈɣɔdam]
Kerstfeest (het)	Каляды (ж мн)	[kaˈʎadɨ]
Vrolijk kerstfeest!	Вясёлых Каляд!	[vʲaˈsɔlɨh kaˈʎat]
kerstboom (de)	Навагодняя ёлка (ж)	[navaˈɣɔdɲaja ɜlka]
vuurwerk (het)	салют (м)	[saˈlyt]
bruiloft (de)	вяселле (н)	[vʲaˈsɛllɛ]
bruidegom (de)	жаніх (м)	[ʒaˈnih]
bruid (de)	нявеста (ж)	[ɲaˈwɛsta]
uitnodigen (ww)	запрашаць	[zapraˈʃats]
uitnodiging (de)	запрашэнне (н)	[zapraˈʃɛŋɛ]
gast (de)	госць (м)	[ɣosʲts]
op bezoek gaan	ісці ў госці	[isʲˈtsi u ˈɣosʲtsi]
gasten verwelkomen	сустракаць гасцей	[sustraˈkadzʲ ɣasʲˈtsɛj]
geschenk, cadeau (het)	падарунак (м)	[padaˈrunak]
geven (iets cadeau ~)	дарыць	[daˈrɨts]
geschenken ontvangen	атрымоўваць падарункі	[atrɨˈmɔuvats padaˈruŋki]
boeket (het)	букет (м)	[buˈkɛt]
felicitaties (mv.)	віншаванне (н)	[winʃaˈvaŋɛ]
feliciteren (ww)	віншаваць	[winʃaˈvats]
wenskaart (de)	віншавальная паштоўка (ж)	[winʃaˈvaʎnaja paʃˈtouka]
een kaartje versturen	адправіць паштоўку	[atpˈrawits paʃˈtouku]
een kaartje ontvangen	атрымаць паштоўку	[atrɨˈmats paʃˈtouku]
toast (de)	тост (м)	[tost]

aanbieden (een drankje ~)	частаваць	[tʃasta'vats]
champagne (de)	шампанскае (н)	[ʃam'panskaɛ]
plezier hebben (ww)	весяліцца	[wɛsʲa'litsa]
plezier (het)	весялосць (ж)	[wɛsʲa'losʲts]
vreugde (de)	радасць (ж)	['radasʲts]
dans (de)	танец (м)	['tanɛts]
dansen (ww)	танцаваць	[tantsa'vats]
wals (de)	вальс (м)	[vaʎs]
tango (de)	танга (н)	['taŋa]

110. Begrafenissen. Begrafenis

kerkhof (het)	могілкі (мн)	['mɔɣilki]
graf (het)	магіла (ж)	[ma'ɣila]
kruis (het)	крыж (м)	[krɪʃ]
grafsteen (de)	надмагільны помнік (м)	[nadma'ɣiʎnɪ 'pɔmnik]
omheining (de)	агароджа (ж)	[aɣa'rɔdʒa]
kapel (de)	капліца (ж)	[kap'litsa]
dood (de)	смерць (ж)	[sʲmɛrts]
sterven (ww)	памерці	[pa'mɛrtsi]
overledene (de)	нябожчык (м)	[ɲa'bɔʃtʃɪk]
rouw (de)	жалоба (ж)	[ʒa'lɔba]
begraven (ww)	хаваць	[ha'vats]
begrafenisonderneming (de)	пахавальнае бюро (н)	[paha'vaʎnaɛ by'rɔ]
begrafenis (de)	пахаванне (н)	[paha'vaɲɛ]
krans (de)	вянок (м)	[vʲa'nɔk]
doodskist (de)	труна (ж)	[tru'na]
lijkwagen (de)	катафалк (м)	[kata'falk]
lijkkleed (de)	саван (м)	['savan]
urn (de)	урна (ж)	['urna]
crematorium (het)	крэматорый (м)	[krɛma'tɔrɪj]
overlijdensbericht (het)	некралог (м)	[nɛkra'lɔh]
huilen (wenen)	плакаць	['plakats]
snikken (huilen)	рыдаць	[rɪ'dats]

111. Oorlog. Soldaten

peloton (het)	узвод (м)	[uz'vɔt]
compagnie (de)	рота (ж)	['rɔta]
regiment (het)	полк (м)	[pɔlk]
leger (armee)	армія (ж)	['armija]
divisie (de)	дывізія (ж)	[dɪ'wizija]
sectie (de)	атрад (м)	[at'rat]
troep (de)	войска (н)	['vɔjska]

soldaat (militair)	салдат (м)	[sal'dat]
officier (de)	афіцэр (м)	[afi'tsɛr]
soldaat (rang)	радавы (м)	[rada'vɪ]
sergeant (de)	сяржант (м)	[sʲar'ʒant]
luitenant (de)	лейтэнант (м)	[lɛjtɛ'nant]
kapitein (de)	капітан (м)	[kapi'tan]
majoor (de)	маёр (м)	[maɜr]
kolonel (de)	палкоўнік (м)	[pal'kɔunik]
generaal (de)	генерал (м)	[ɣɛnɛ'ral]
matroos (de)	марак (м)	[ma'rak]
kapitein (de)	капітан (м)	[kapi'tan]
bootsman (de)	боцман (м)	['bɔtsman]
artillerist (de)	артылерыст (м)	[artɪlɛ'rɪst]
valschermjager (de)	дэсантнік (м)	[dɛ'santnik]
piloot (de)	лётчык (м)	['lɜtʃɪk]
stuurman (de)	штурман (м)	['ʃturman]
mecanicien (de)	механік (м)	[mɛ'hanik]
sappeur (de)	сапёр (м)	[sa'pɜr]
parachutist (de)	парашутыст (м)	[paraʃu'tɪst]
verkenner (de)	разведчык (м)	[razʲ'wɛtʃɪk]
scherpschutter (de)	снайпер (м)	['snajpɛr]
patrouille (de)	патруль (м)	[pat'ruʎ]
patrouilleren (ww)	патруляваць	[patruʎa'vats]
wacht (de)	вартавы (м)	[varta'vɪ]
krijger (de)	воін (м)	['vɔin]
held (de)	герой (м)	[ɣɛ'rɔj]
heldin (de)	гераіня (ж)	[ɣɛra'iɲa]
patriot (de)	патрыёт (м)	[patrɪɜt]
verrader (de)	здраднік (м)	['zdradnik]
deserteur (de)	дэзерцір (м)	[dɛzɛr'tsir]
deserteren (ww)	дэзерціраваць	[dɛzɛr'tsiravats]
huurling (de)	найміт (м)	['najmit]
rekruut (de)	навабранец (м)	[navab'ranɛts]
vrijwilliger (de)	добраахвотнік (м)	[dɔbra:h'vɔtnik]
gedode (de)	забіты (м)	[za'bitɪ]
gewonde (de)	паранены (м)	[pa'ranɛnɪ]
krijgsgevangene (de)	палонны (м)	[pa'lɔŋɪ]

112. Oorlog. Militaire acties. Deel 1

oorlog (de)	вайна (ж)	[vaj'na]
oorlog voeren (ww)	ваяваць	[vaja'vats]
burgeroorlog (de)	грамадзянская вайна (ж)	[ɣrama'dzʲanskaja vaj'na]
achterbaks (bw)	вераломна	[wɛra'lɔmna]
oorlogsverklaring (de)	абвяшчэнне (н)	[abvʲaʃ'tʃɛɲɛ]

verklaren (de oorlog ~)	абвясціць	[abvʲasʲiˈtsits]
agressie (de)	агрэсія (ж)	[aɣˈrɛsija]
aanvallen (binnenvallen)	нападаць	[napaˈdatsʲ]

binnenvallen (ww)	захопліваць	[zaˈhɔplivatsʲ]
invaller (de)	захопнік (м)	[zaˈhɔpnik]
veroveraar (de)	заваёўнік (м)	[zavaɜunik]

verdediging (de)	абарона (ж)	[abaˈrɔna]
verdedigen (je land ~)	абараняць	[abaraˈɲatsʲ]
zich verdedigen (ww)	абараняцца	[abaraˈɲatsa]

vijand (de)	вораг (м)	[ˈvɔrah]
tegenstander (de)	супраціўнік (м)	[supraˈtsiunik]
vijandelijk (bn)	варожы	[vaˈrɔʒɪ]

strategie (de)	стратэгія (ж)	[straˈtɛɣija]
tactiek (de)	тактыка (ж)	[ˈtaktɪka]

order (de)	загад (м)	[zaˈɣat]
bevel (het)	каманда (ж)	[kaˈmanda]
bevelen (ww)	загадваць	[zaˈɣadvatsʲ]
opdracht (de)	заданне (н)	[zaˈdaŋɛ]
geheim (bn)	сакрэтны	[sakˈrɛtnɪ]

veldslag (de)	бітва (ж)	[ˈbitva]
strijd (de)	бой (м)	[bɔj]

aanval (de)	атака (ж)	[aˈtaka]
bestorming (de)	штурм (м)	[ʃturm]
bestormen (ww)	штурмаваць	[ʃturmaˈvatsʲ]
bezetting (de)	аблога (ж)	[abˈlɔɣa]

aanval (de)	наступ (м)	[ˈnastup]
in het offensief te gaan	наступаць	[nastuˈpatsʲ]

terugtrekking (de)	адступленне (н)	[atstupˈlɛŋɛ]
zich terugtrekken (ww)	адступаць	[atstuˈpatsʲ]

omsingeling (de)	акружэнне (н)	[akruˈʒɛŋɛ]
omsingelen (ww)	акружаць	[akruˈʒatsʲ]

bombardement (het)	бамбёжка (ж)	[bamˈbʒʃka]
een bom gooien	скінуць бомбу	[ˈskinudzʲ ˈbɔmbu]
bombarderen (ww)	бамбіць	[bamˈbitsʲ]
ontploffing (de)	выбух (м)	[ˈvɪbuh]

schot (het)	стрэл (м)	[strɛl]
een schot lossen	стрэліць	[ˈstrɛlitsʲ]
schieten (het)	стральба (ж)	[straʎˈba]

mikken op (ww)	цэліцца	[ˈtsɛlitsa]
aanleggen (een wapen ~)	навесці	[naˈwɛsʲtsi]
treffen (doelwit ~)	трапіць	[ˈtrapitsʲ]
zinken (tot zinken brengen)	патапіць	[pataˈpitsʲ]
kogelgat (het)	прабоіна (ж)	[praˈbɔina]

zinken (gezonken zijn)	ісці на дно (м)	[isʲˈtsi na ˈdnɔ]
front (het)	фронт (м)	[frɔnt]
hinterland (het)	тыл (м)	[tɨl]
evacuatie (de)	эвакуацыя (ж)	[ɛvakuˈatsɨja]
evacueren (ww)	эвакуіраваць	[ɛvakuˈiravatsʲ]
prikkeldraad (de)	калючы дрот (м)	[kaˈlytʃɨ ˈdrɔt]
verdedigingsobstakel (het)	загарода (ж)	[zaɣaˈrɔda]
wachttoren (de)	вышка (ж)	[ˈvɨʃka]
hospitaal (het)	шпіталь (м)	[ʃpiˈtaʎ]
verwonden (ww)	раніць	[ˈranitsʲ]
wond (de)	рана (ж)	[ˈrana]
gewonde (de)	паранены (м)	[paˈranɛnɨ]
gewond raken (ww)	атрымаць раненне	[atrɨˈmatsʲ raˈnɛɲɛ]
ernstig (~e wond)	цяжкі	[ˈtsʲaʃki]

113. Oorlog. Militaire acties. Deel 2

krijgsgevangenschap (de)	палон (м)	[paˈlɔn]
krijgsgevangen nemen	узяць у палон	[uˈzʲatsʲ u paˈlɔn]
krijgsgevangene zijn	быць у палоне	[ˈbɨtsʲ u paˈlɔnɛ]
krijgsgevangen genomen worden	трапіць у палон	[ˈtrapitsʲ u paˈlɔn]
concentratiekamp (het)	канцлагер (м)	[kantsˈlaɣɛr]
krijgsgevangene (de)	палонны (м)	[paˈlɔnɨ]
vluchten (ww)	уцячы	[utsʲaˈtʃɨ]
verraden (ww)	здрадзіць	[ˈzdradzitsʲ]
verrader (de)	здраднік (м)	[ˈzdradnik]
verraad (het)	здрада (ж)	[ˈzdrada]
fusilleren (executeren)	расстраляць	[rastraˈʎatsʲ]
executie (de)	расстрэл (м)	[rastˈrɛl]
uitrusting (de)	абмундзіраванне (н)	[abmundzʲiraˈvaɲɛ]
schouderstuk (het)	пагон (м)	[paˈɣɔn]
gasmasker (het)	процівагаз (м)	[prɔtsivaˈɣas]
portofoon (de)	рацыя (ж)	[ˈratsɨja]
geheime code (de)	шыфр (м)	[ʃifr]
samenzwering (de)	канспірацыя (ж)	[kansʲpiˈratsɨja]
wachtwoord (het)	пароль (м)	[paˈrɔʎ]
mijn (landmijn)	міна (ж)	[ˈmina]
ondermijnen (legden mijnen)	замініраваць	[zamiˈniravatsʲ]
mijnenveld (het)	міннае поле (н)	[ˈmiɲɛ ˈpɔlɛ]
luchtalarm (het)	паветраная трывога (ж)	[paˈwɛtranaja trɨˈvɔɣa]
alarm (het)	трывога (ж)	[trɨˈvɔɣa]
signaal (het)	сігнал (м)	[siɣˈnal]
vuurpijl (de)	сігнальная ракета (ж)	[siɣˈnaʎnaja raˈkɛta]
staf (generale ~)	штаб (м)	[ʃtap]

verkenningstocht (de)	разведка (ж)	[razʲˈwɛtka]
toestand (de)	становішча (н)	[staˈnowiʃtʃa]
rapport (het)	рапарт (м)	[ˈrapart]
hinderlaag (de)	засада (ж)	[zaˈsada]
versterking (de)	падмацаванне (н)	[padmatsaˈvaŋɛ]
doel (bewegend ~)	мішэнь (ж)	[miˈʃɛn]
proefterrein (het)	палігон (м)	[paliˈɣɔn]
manoeuvres (mv.)	манеўры (м мн)	[maˈnɛurɪ]
paniek (de)	паніка (ж)	[ˈpanika]
verwoesting (de)	развал (м)	[razˈval]
verwoestingen (mv.)	разбурэнні (н мн)	[razbuˈrɛɲi]
verwoesten (ww)	разбурaць	[razbuˈrats]
overleven (ww)	выжыць	[ˈvɪʒɪts]
ontwapenen (ww)	абяззброіць	[abʲazzbˈrɔits]
behandelen (een pistool ~)	абыходзіцца	[abɪˈhɔdzitsa]
Geeft acht!	Смірна!	[ˈsʲmirna]
Op de plaats rust!	Вольна!	[ˈvɔʎna]
heldendaad (de)	подзвіг (м)	[ˈpɔdzʲwih]
eed (de)	клятва (ж)	[ˈkʎatva]
zweren (een eed doen)	клясціся	[ˈkʎasʲtsisʲa]
decoratie (de)	узнагарода (ж)	[uznaɣaˈrɔda]
onderscheiden (een ereteken geven)	узнагароджваць	[uznaɣaˈrɔdʒvats]
medaille (de)	медаль (м)	[mɛˈdaʎ]
orde (de)	ордэн (м)	[ˈɔrdɛn]
overwinning (de)	перамога (ж)	[pɛraˈmɔɣa]
verlies (het)	паражэнне (н)	[paraˈʒɛŋɛ]
wapenstilstand (de)	перамір'е (н)	[pɛraˈmirʰɛ]
wimpel (vaandel)	сцяг (м)	[sʲtsʲah]
roem (de)	слава (ж)	[ˈslava]
parade (de)	парад (м)	[paˈrat]
marcheren (ww)	маршыраваць	[marʃiraˈvats]

114. Wapens

wapens (mv.)	зброя (ж)	[ˈzbrɔja]
vuurwapens (mv.)	агнястрэльная зброя (ж)	[aɣɲastˈrɛʎnaja ˈzbrɔja]
koude wapens (mv.)	халодная зброя (ж)	[haˈlɔdnaja ˈzbrɔja]
chemische wapens (mv.)	хімічная зброя (ж)	[hiˈmitʃnaja ˈzbrɔja]
kern-, nucleair (bn)	ядзерны	[ˈjadzɛrnɪ]
kernwapens (mv.)	ядзерная зброя (ж)	[ˈjadzɛrnaja ˈzbrɔja]
bom (de)	бомба (ж)	[ˈbɔmba]
atoombom (de)	атамная бомба (ж)	[ˈatamnaja ˈbɔmba]
pistool (het)	пісталет (м)	[pistaˈlɛt]

geweer (het)	стрэльба (ж)	['strɛʎba]
machinepistool (het)	аўтамат (м)	[auta'mat]
machinegeweer (het)	кулямёт (м)	[kuʎa'mɜt]
loop (schietbuis)	руля (ж)	['ruʎa]
loop (bijv. geweer met kortere ~)	ствол (м)	[stvɔl]
kaliber (het)	калібр (м)	[ka'libr]
trekker (de)	курок (м)	[ku'rɔk]
korrel (de)	прыцэл (м)	[prɪ'tsɛl]
magazijn (het)	магазін (м)	[maɣa'zin]
geweerkolf (de)	прыклад (м)	[prɪk'lat]
granaat (handgranaat)	граната (ж)	[ɣra'nata]
explosieven (mv.)	узрыўчатка (ж)	[uzrɪu'tʃatka]
kogel (de)	куля (ж)	['kuʎa]
patroon (de)	патрон (м)	[pat'rɔn]
lading (de)	зарад (м)	[za'rat]
ammunitie (de)	боепрыпасы (мн)	[bɔɛprɪ'pasɪ]
bommenwerper (de)	бамбардзіроўшчык (м)	[bambardzi'rouʃʧɪk]
straaljager (de)	знішчальнік (м)	[zʲniʃ'tʃaʎnik]
helikopter (de)	верталёт (м)	[wɛrta'lɜt]
afweergeschut (het)	зенітка (ж)	[zɛ'nitka]
tank (de)	танк (м)	[taŋk]
kanon (tank met een ~ van 76 mm)	пушка (ж)	['puʃka]
artillerie (de)	артылерыя (ж)	[artɪ'lɛrɪja]
aanleggen (een wapen ~)	навесці	[na'wɛsʲtsi]
projectiel (het)	снарад (м)	[sna'rat]
mortiergranaat (de)	міна (ж)	['mina]
mortier (de)	мінамёт (м)	[mina'mɜt]
granaatscherf (de)	асколак (м)	[as'kɔlak]
duikboot (de)	падводная лодка (ж)	[pad'vɔdnaja 'lɔtka]
torpedo (de)	тарпеда (ж)	[tar'pɛda]
raket (de)	ракета (ж)	[ra'kɛta]
laden (geweer, kanon)	зараджаць	[zara'ʤats]
schieten (ww)	страляць	[stra'ʎats]
richten op (mikken)	цэліцца	['tsɛlitsa]
bajonet (de)	штык (м)	[ʃtɪk]
degen (de)	шпага (ж)	['ʃpaɣa]
sabel (de)	шабля (ж)	['ʃabʎa]
speer (de)	дзіда (ж)	['dzida]
boog (de)	лук (м)	[luk]
pijl (de)	страла (ж)	[stra'la]
musket (de)	мушкет (м)	[muʃ'kɛt]
kruisboog (de)	арбалет (м)	[arba'lɛt]

115. Oude mensen

primitief (bn)	першабытны	[pɛrʃa'bɪtnɪ]
voorhistorisch (bn)	дагістарычны	[daɣista'rɪtʃnɪ]
eeuwenoude (~ beschaving)	старажытны	[stara'ʒɪtnɪ]
Steentijd (de)	Каменны век (м)	[ka'mɛnɪ 'wɛk]
Bronstijd (de)	Бронзавы век (м)	['brɔnzavɪ 'wɛk]
IJstijd (de)	ледавіковы перыяд (м)	[lɛdawi'kɔvɪ pɛ'rɪjat]
stam (de)	племя (н)	['plɛmʲa]
menseneter (de)	людаед (м)	[lyda'ɛt]
jager (de)	паляўнічы (м)	[paʎau'nitʃɪ]
jagen (ww)	паляваць	[paʎa'vatsʲ]
mammoet (de)	мамант (м)	['mamant]
grot (de)	пячора (ж)	[pʲa'tʃɔra]
vuur (het)	агонь (м)	[a'ɣɔnʲ]
kampvuur (het)	вогнішча (н)	['vɔɣniʃtʃa]
rotstekening (de)	наскальны малюнак (м)	[nas'kaʎnɪ ma'lynak]
werkinstrument (het)	прылада (ж) працы	[prɪ'lada 'pratsɪ]
speer (de)	дзіда (ж)	['dzida]
stenen bijl (de)	каменная сякера (ж)	[ka'mɛnaja sʲa'kɛra]
oorlog voeren (ww)	ваяваць	[vaja'vatsʲ]
temmen (bijv. wolf ~)	прыручаць	[prɪru'tʃatsʲ]
idool (het)	ідал (м)	['idal]
aanbidden (ww)	пакланяцца	[pakla'ɲatsa]
bijgeloof (het)	забабоны (мн)	[zaba'bɔnɪ]
evolutie (de)	эвалюцыя (ж)	[ɛvɑ'lytsɪjɑ]
ontwikkeling (de)	развіццё (н)	[razʲwi'tsɜ]
verdwijning (de)	знікненне (н)	[zʲnik'nɛɲɛ]
zich aanpassen (ww)	прыстасоўвацца	[prɪsta'sɔuvatsa]
archeologie (de)	археалогія (ж)	[arhɛa'lɔɣija]
archeoloog (de)	археолаг (м)	[arhɛ'ɔlah]
archeologisch (bn)	археалагічны	[arhɛala'ɣitʃnɪ]
opgravingsplaats (de)	раскопкі (ж мн)	[ras'kɔpki]
opgravingen (mv.)	раскопкі (ж мн)	[ras'kɔpki]
vondst (de)	знаходка (ж)	[zna'hɔtka]
fragment (het)	фрагмент (м)	[fraɣ'mɛnt]

116. Middeleeuwen

volk (het)	народ (м)	[na'rɔt]
volkeren (mv.)	народы (м мн)	[na'rɔdɪ]
stam (de)	племя (н)	['plɛmʲa]
stammen (mv.)	плямёны (н мн)	[pʎa'mɜnɪ]
barbaren (mv.)	варвары (м мн)	['varvarɪ]
Galliërs (mv.)	галы (м мн)	['ɣalɪ]

Goten (mv.)	готы (м мн)	[ˈɣɔtɪ]
Slaven (mv.)	славяне (м мн)	[slaˈvʲanɛ]
Vikings (mv.)	вікінгі (м мн)	[ˈwikiŋi]
Romeinen (mv.)	рымляне (м мн)	[ˈrɪmʎanɛ]
Romeins (bn)	рымскі	[ˈrɪmski]
Byzantijnen (mv.)	візантыйцы (м мн)	[wizanˈtijtsɪ]
Byzantium (het)	Візантыя (ж)	[wizanˈtija]
Byzantijns (bn)	візантыйскі	[wizanˈtijski]
keizer (bijv. Romeinse ~)	імператар (м)	[impɛˈratar]
opperhoofd (het)	правадыр (м)	[pravaˈdɪr]
machtig (bn)	магутны	[maˈɣutnɪ]
koning (de)	кароль (м)	[kaˈrɔʎ]
heerser (de)	кіраўнік (м)	[kirauˈnik]
ridder (de)	рыцар (м)	[ˈrɪtsar]
feodaal (de)	феадал (м)	[fɛaˈdal]
feodaal (bn)	феадальны	[fɛaˈdaʎnɪ]
vazal (de)	васал (м)	[vaˈsal]
hertog (de)	герцаг (м)	[ˈɣɛrtsah]
graaf (de)	граф (м)	[ɣraf]
baron (de)	барон (м)	[baˈrɔn]
bisschop (de)	епіскап (м)	[ɛˈpiskap]
harnas (het)	даспехі (м мн)	[dasʲˈpɛhi]
schild (het)	шчыт (м)	[ʧɪt]
zwaard (het)	меч (м)	[mɛʧ]
vizier (het)	забрала (н)	[zabˈrala]
maliënkolder (de)	кальчуга (ж)	[kaʎˈʧuɣa]
kruistocht (de)	крыжовы паход (м)	[krɪˈʒɔvɪ paˈhɔt]
kruisvaarder (de)	крыжак (м)	[krɪˈʒak]
gebied (bijv. bezette ~en)	тэрыторыя (ж)	[tɛrɪˈtɔrɪja]
aanvallen (binnenvallen)	нападаць	[napaˈdats]
veroveren (ww)	заваяваць	[zavajaˈvats]
innemen (binnenvallen)	захапіць	[zahaˈpits]
bezetting (de)	аблога (ж)	[abˈlɔɣa]
bezet (bn)	абложаны	[abˈlɔʒanɪ]
belegeren (ww)	абложваць	[abˈlɔʒvats]
inquisitie (de)	інквізіцыя (ж)	[iŋkwiˈzitsɪja]
inquisiteur (de)	інквізітар (м)	[iŋkwiˈzitar]
foltering (de)	катаванне (н)	[kataˈvaŋɛ]
wreed (bn)	жорсткі	[ˈʒɔrstki]
ketter (de)	ерэтык (м)	[ɛrɛˈtɪk]
ketterij (de)	ерась (ж)	[ˈɛrasʲ]
zeevaart (de)	мараплаўства (н)	[marapˈlaustva]
piraat (de)	пірат (м)	[piˈrat]
piraterij (de)	пірацтва (н)	[piˈratstva]
enteren (het)	абардаж (м)	[abarˈdaʃ]

buit (de)	здабыча (ж)	[zda'bɨtʃa]
schatten (mv.)	скарбы (м мн)	['skarbɨ]
ontdekking (de)	адкрыццё (н)	[atkrɨ'tsɜ]
ontdekken (bijv. nieuw land)	адкрыць	[atk'rɨts]
expeditie (de)	экспедыцыя (ж)	[ɛksʲpɛ'dɨtsɨja]
musketier (de)	мушкецёр (м)	[muʃkɛ'tsɜr]
kardinaal (de)	кардынал (м)	[kardɨ'nal]
heraldiek (de)	геральдыка (ж)	[ɣɛ'raʎdɨka]
heraldisch (bn)	геральдычны	[ɣɛraʎ'dɨtʃnɨ]

117. Leider. Baas. Autoriteiten

koning (de)	кароль (м)	[ka'rɔʎ]
koningin (de)	каралева (ж)	[kara'lɛva]
koninklijk (bn)	каралеўскі	[kara'lɛuski]
koninkrijk (het)	каралеўства (н)	[kara'lɛustva]
prins (de)	прынц (м)	[prɨnts]
prinses (de)	прынцэса (ж)	[prɨn'tsɛsa]
president (de)	прэзідэнт (м)	[prɛzi'dɛnt]
vicepresident (de)	віцэ-прэзідэнт (м)	['witsɛ prɛzi'dɛnt]
senator (de)	сенатар (м)	[sɛ'natar]
monarch (de)	манарх (м)	[ma'narh]
heerser (de)	кіраўнік (м)	[kirau'nik]
dictator (de)	дыктатар (м)	[dɨk'tatar]
tiran (de)	тыран (м)	[tɨ'ran]
magnaat (de)	магнат (м)	[maɣ'nat]
directeur (de)	дырэктар (м)	[dɨ'rɛktar]
chef (de)	шэф (м)	[ʃɛf]
beheerder (de)	загадчык (м)	[za'ɣatʃɨk]
baas (de)	бос (м)	[bɔs]
eigenaar (de)	гаспадар (м)	[ɣaspa'dar]
hoofd (bijv. ~ van de delegatie)	галава (ж)	[ɣala'va]
autoriteiten (mv.)	улады (ж мн)	[u'ladɨ]
superieuren (mv.)	начальства (н)	[na'tʃaʎstva]
gouverneur (de)	губернатар (м)	[ɣubɛr'natar]
consul (de)	консул (м)	['kɔnsul]
diplomaat (de)	дыпламат (м)	[dɨpla'mat]
burgemeester (de)	мэр (м)	[mɛr]
sheriff (de)	шэрыф (м)	[ʃɛ'rɨf]
keizer (bijv. Romeinse ~)	імператар (м)	[impɛ'ratar]
tsaar (de)	цар (м)	[tsar]
farao (de)	фараон (м)	[fara'ɔn]
kan (de)	хан (м)	[han]

118. De wet overtreden. Criminelen. Deel 1

bandiet (de)	бандыт (м)	[ban'dıt]
misdaad (de)	злачынства (н)	[zla'tʃınstva]
misdadiger (de)	злачынец (м)	[zla'tʃınɛts]
dief (de)	злодзей (м)	['zlɔdzɛj]
stelen (ww)	красці	['krasʲtsi]
stelen, diefstal (de)	крадзеж (м)	[kra'dzɛʃ]
kidnappen (ww)	выкрасці	['vıkrasʲtsi]
kidnapping (de)	выкраданне (н)	[vıkra'daŋɛ]
kidnapper (de)	выкрадальнік (м)	[vıkra'daʎnik]
losgeld (het)	выкуп (м)	['vıkup]
eisen losgeld (ww)	патрабаваць выкуп	[patraba'vats 'vıkup]
overvallen (ww)	рабаваць	[raba'vats]
overvaller (de)	рабаўнік (м)	[rabau'nik]
afpersen (ww)	вымагаць	[vıma'ɣats]
afperser (de)	вымагальнік (м)	[vıma'ɣaʎnik]
afpersing (de)	вымагальніцтва (н)	[vıma'ɣaʎnitstva]
vermoorden (ww)	забіць	[za'bits]
moord (de)	забойства (н)	[za'bɔjstva]
moordenaar (de)	забойца (м)	[za'bɔjtsa]
schot (het)	стрэл (м)	[strɛl]
een schot lossen	стрэліць	['strɛlits]
neerschieten (ww)	застрэліць	[zast'rɛlits]
schieten (ww)	страляць	[stra'ʎats]
schieten (het)	стральба (ж)	[straʎ'ba]
ongeluk (gevecht, enz.)	здарэнне (н)	[zda'rɛŋɛ]
gevecht (het)	бойка (ж)	['bɔjka]
slachtoffer (het)	ахвяра (ж)	[ah'vʲara]
beschadigen (ww)	пашкодзіць	[paʃ'kɔdzits]
schade (de)	шкода (ж)	['ʃkɔda]
lijk (het)	труп (м)	[trup]
zwaar (~ misdrijf)	цяжкі	['tsʲaʃki]
aanvallen (ww)	напасці	[na'pasʲtsi]
slaan (iemand ~)	біць	[bits]
in elkaar slaan (toetakelen)	збіць	[zʲbits]
ontnemen (beroven)	адабраць	[adab'rats]
steken (met een mes)	зарэзаць	[za'rɛzats]
verminken (ww)	знявечыць	[zʲnʲa'wɛtʃıts]
verwonden (ww)	раніць	['ranits]
chantage (de)	шантаж (м)	[ʃan'taʃ]
chanteren (ww)	шантажыраваць	[ʃanta'ʒıravats]
chanteur (de)	шантажыст (м)	[ʃanta'ʒıst]
afpersing (de)	рэкет (м)	['rɛkɛt]

afperser (de)	рэкецір (м)	[rɛkɛˈtsir]
gangster (de)	гангстэр (м)	[ˈɣanhstɛr]
maffia (de)	мафія (ж)	[ˈmafija]
kruimeldief (de)	кішэнны зладзюжка (м)	[kiˈʃɛŋɪ zlaˈdzyʃka]
inbreker (de)	узломшчык (м)	[uzˈlɔmʃtʃɪk]
smokkelen (het)	кантрабанда (ж)	[kantraˈbanda]
smokkelaar (de)	кантрабандыст (м)	[kantrabanˈdɪst]
namaak (de)	падробка (ж)	[padˈrɔpka]
namaken (ww)	падрабляць	[padrabˈʎatsʲ]
namaak-, vals (bn)	фальшывы	[faʎˈʃɪvɪ]

119. De wet overtreden. Criminelen. Deel 2

verkrachting (de)	згвалтаванне (н)	[zɣvaltaˈvaŋɛ]
verkrachten (ww)	згвалтаваць	[zɣvaltaˈvatsʲ]
verkrachter (de)	гвалтаўнік (м)	[ɣvaltauˈnik]
maniak (de)	маньяк (м)	[maˈɲjak]
prostituee (de)	прастытутка (ж)	[prastɪˈtutka]
prostitutie (de)	прастытуцыя (ж)	[prastɪˈtutsɪja]
pooier (de)	сутэнёр (м)	[sutɛˈnɜr]
drugsverslaafde (de)	наркаман (м)	[narkaˈman]
drugshandelaar (de)	наркагандляр (м)	[narkaɣandˈʎar]
opblazen (ww)	узарваць	[uzarˈvatsʲ]
explosie (de)	выбух (м)	[ˈvɪbuh]
in brand steken (ww)	падпаліць	[patpaˈlitsʲ]
brandstichter (de)	падпальшчык (м)	[patˈpaʎʃtʃɪk]
terrorisme (het)	тэрарызм (м)	[tɛraˈrɪzm]
terrorist (de)	тэрарыст (м)	[tɛraˈrɪst]
gijzelaar (de)	заложнік (м)	[zaˈlɔʒnik]
bedriegen (ww)	падмануць	[padmaˈnutsʲ]
bedrog (het)	падман (м)	[padˈman]
oplichter (de)	махляр (м)	[mahˈʎar]
omkopen (ww)	падкупіць	[patkuˈpitsʲ]
omkoperij (de)	подкуп (м)	[ˈpɔtkup]
smeergeld (het)	хабар (м)	[ˈhabar]
vergif (het)	яд (м)	[jat]
vergiftigen (ww)	атруціць	[atruˈtsitsʲ]
vergif innemen (ww)	атруціцца	[atruˈtsitsa]
zelfmoord (de)	самазабойства (н)	[samazaˈbɔjstva]
zelfmoordenaar (de)	самазабойца (м)	[samazaˈbɔjtsa]
bedreigen (bijv. met een pistool)	пагражаць	[paɣraˈʒatsʲ]
bedreiging (de)	пагроза (ж)	[paɣˈrɔza]

| een aanslag plegen | замахвацца | [za'mahvatsa] |
| aanslag (de) | замах (м) | [za'mah] |

| stelen (een auto) | скрасці | ['skrasʲtsi] |
| kapen (een vliegtuig) | выкрасці | ['vɪkrasʲtsi] |

| wraak (de) | помста (ж) | ['pɔmsta] |
| wreken (ww) | помсціць | ['pɔmsʲtsits] |

martelen (gevangenen)	катаваць	[kata'vats]
foltering (de)	катаванне (н)	[kata'vaŋɛ]
folteren (ww)	мучыць	['mutʃits]

piraat (de)	пірат (м)	[pi'rat]
straatschender (de)	хуліган (м)	[huli'ɣan]
gewapend (bn)	узброены	[uzb'rɔɛnɪ]
geweld (het)	гвалт (м)	[ɣvalt]

| spionage (de) | шпіянаж (м) | [ʃpija'naʃ] |
| spioneren (ww) | шпіёніць | [ʃpiɜnits] |

120. Politie. Wet. Deel 1

| gerecht (het) | суд (м) | [sut] |
| gerechtshof (het) | суд (м) | [sut] |

rechter (de)	суддзя (м)	[sud'dzʲa]
jury (de)	прысяжныя (м мн)	[prɪ'sʲaʒnɪja]
juryrechtspraak (de)	суд (м) прысяжных	[sut prɪ'sʲaʒnɪh]
berechten (ww)	судзіць	[su'dzits]

advocaat (de)	адвакат (м)	[adva'kat]
beklaagde (de)	падсудны (м)	[pa'tsudnɪ]
beklaagdenbank (de)	лава (ж) падсудных	['lava pa'tsudnɪh]

| beschuldiging (de) | абвінавачванне (н) | [abwina'vatʃvaŋɛ] |
| beschuldigde (de) | абвінавачваны (м) | [abwina'vatʃvanɪ] |

vonnis (het)	прысуд (м)	[prɪ'sut]
veroordelen	прысудзіць	[prɪsu'dzits]
(in een rechtszaak)		

schuldige (de)	віноўнік (м)	[wi'nɔunik]
straffen (ww)	пакараць	[paka'rats]
bestraffing (de)	пакаранне (н)	[paka'raŋɛ]

| boete (de) | штраф (м) | [ʃtraf] |
| levenslange opsluiting (de) | пажыццёвае зняволенне (н) | [paʒɪtsɜvaɛ zʲɲa'vɔlɛŋɛ] |

doodstraf (de)	смяротная кара (ж)	[sʲmʲa'rɔtnaja 'kara]
elektrische stoel (de)	электрычнае крэсла (н)	[ɛlɛktʲrɪtʃnac 'krɛsla]
schavot (het)	шыбеніца (ж)	['ʃibɛnitsa]
executeren (ww)	караць смерцю	[ka'rats 'sʲmɛrtsy]
executie (de)	смяротная кара (ж)	[sʲmʲa'rɔtnaja 'kara]

gevangenis (de)	турма (ж)	[tur'ma]
cel (de)	камера (ж)	['kamɛra]
konvooi (het)	канвой (м)	[kan'vɔj]
gevangenisbewaker (de)	наглядчык (м)	[naɣ'ʎatʃɪk]
gedetineerde (de)	зняволены (м)	[zʲna'volɛnɪ]
handboeien (mv.)	наручнікі (м мн)	[na'rutʃniki]
handboeien omdoen	надзець наручнікі	[na'dzɛts na'rutʃniki]
ontsnapping (de)	уцёкі (мн)	[u'tsɜki]
ontsnappen (ww)	уцячы	[utsʲa'tʃɪ]
verdwijnen (ww)	прапасці	[pra'pasʲtsi]
vrijlaten (uit de gevangenis)	вызваліць	['vɪzvalits]
amnestie (de)	амністыя (ж)	[am'nistɪja]
politie (de)	паліцыя (ж)	[pa'litsɪja]
politieagent (de)	паліцэйскі (м)	[pali'tsɛjski]
politiebureau (het)	паліцэйскі ўчастак (м)	[pali'tsɛjski u'tʃastak]
knuppel (de)	гумовая дубінка (ж)	[ɣu'mɔvaja du'binka]
megafoon (de)	рупар (м)	['rupar]
patrouilleerwagen (de)	патрульная машына (ж)	[pat'ruʎnaja ma'ʃɪna]
sirene (de)	сірэна (ж)	[si'rɛna]
de sirene aansteken	уключыць сірэну	[ukly'tʃɪts si'rɛnu]
geloei (het) van de sirene	выццё (н) (сірэны)	[vɪ'tsɜ si'rɛnɪ]
plaats delict (de)	месца (н) здарэння	['mɛstsa zda'rɛnja]
getuige (de)	сведка (м)	['sʲwɛtka]
vrijheid (de)	воля (ж)	['voʎa]
handlanger (de)	супольнік (м)	[su'poʎnik]
ontvluchten (ww)	схавацца	[sha'vatsa]
spoor (het)	след (м)	[sʲlɛt]

121. Politie. Wet. Deel 2

opsporing (de)	вышук (м)	['vɪʃuk]
opsporen (ww)	шукаць	[ʃu'kats]
verdenking (de)	падазрэнне (н)	[padaz'rɛŋɛ]
verdacht (bn)	падазроны	[padaz'ronɪ]
aanhouden (stoppen)	спыніць	[spɪ'nits]
tegenhouden (ww)	затрымаць	[zatrɪ'mats]
strafzaak (de)	справа (ж)	['sprava]
onderzoek (het)	следства (н)	['sʲlɛtstva]
detective (de)	сышчык (м)	['sɪʃtʃɪk]
onderzoeksrechter (de)	следчы (м)	['sʲlɛtʃɪ]
versie (de)	версія (ж)	['wɛrsija]
motief (het)	матыў (м)	[ma'tɪu]
verhoor (het)	допыт (м)	['dɔpɪt]
ondervragen (door de politie)	дапытваць	[da'pɪtvats]
ondervragen (omstanders ~)	апытваць	[a'pɪtvats]
controle (de)	праверка (ж)	[pra'wɛrka]

T&P Books. Thematische woordenschat Nederlands-Wit-Russisch - 5000 woorden

razzia (de)	аблава (ж)	[ab'lava]
huiszoeking (de)	вобыск (м)	['vɔbısk]
achtervolging (de)	пагоня (ж)	[pa'ɣɔɲa]
achtervolgen (ww)	пераследаваць	[pɛrasʲ'lɛdavats]
opsporen (ww)	сачыць	[sa'tʃıts]

arrest (het)	арышт (м)	['arıʃt]
arresteren (ww)	арыштаваць	[arıʃta'vats]
vangen, aanhouden (een dief, enz.)	злавіць	[zla'wits]
aanhouding (de)	злаўленне (н)	[zlau'lɛɲɛ]

document (het)	дакумент (м)	[daku'mɛnt]
bewijs (het)	доказ (м)	['dɔkas]
bewijzen (ww)	даказваць	[da'kazvats]
voetspoor (het)	след (м)	[sʲlɛt]
vingerafdrukken (mv.)	адбіткі (м мн) пальцаў	[ad'bitki 'paʎtsau]
bewijs (het)	даказка (ж)	[da'kaska]

alibi (het)	алібі (н)	['alibi]
onschuldig (bn)	невінаваты	[nɛwina'vatı]
onrecht (het)	несправядлівасць (ж)	[nɛspravʲadʲ'livasʲts]
onrechtvaardig (bn)	несправядлівы	[nɛspravʲadʲ'livı]

crimineel (bn)	крымінальны	[krımi'naʎnı]
confisqueren (in beslag nemen)	канфіскаваць	[kanfiska'vats]
drug (de)	наркотык (м)	[nar'kɔtık]
wapen (het)	зброя (ж)	['zbrɔja]
ontwapenen (ww)	абяззброіць	[abʲazzb'rɔits]
bevelen (ww)	загадваць	[za'ɣadvats]
verdwijnen (ww)	знікнуць	['zʲniknuts]

wet (de)	закон (м)	[za'kɔn]
wettelijk (bn)	законны	[za'kɔnı]
onwettelijk (bn)	незаконны	[nɛza'kɔnı]

| verantwoordelijkheid (de) | адказнасць (ж) | [at'kaznasʲts] |
| verantwoordelijk (bn) | адказны | [at'kaznı] |

NATUUR

De Aarde. Deel 1

122. De kosmische ruimte

kosmos (de)	космас (м)	['kɔsmas]
kosmisch (bn)	касмічны	[kasʲ'mitʃnɪ]
kosmische ruimte (de)	касмічная прастора (ж)	[kasʲ'mitʃnaja pras'tɔra]
wereld (de)	свет (м)	[sʲwɛt]
heelal (het)	сусвет (м)	[susʲ'wɛt]
sterrenstelsel (het)	галактыка (ж)	[ɣa'laktɪka]
ster (de)	зорка (ж)	['zɔrka]
sterrenbeeld (het)	сузор'е (н)	[su'zɔrʲʲɛ]
planeet (de)	планета (ж)	[pla'nɛta]
satelliet (de)	спадарожнік (м)	[spada'rɔʒnik]
meteoriet (de)	метэарыт (м)	[mɛtɛa'rɪt]
komeet (de)	камета (ж)	[ka'mɛta]
asteroïde (de)	астэроід (м)	[astɛ'rɔit]
baan (de)	арбіта (ж)	[ar'bita]
draaien (om de zon, enz.)	круціцца	[kru'tsitsa]
atmosfeer (de)	атмасфера (ж)	[atmas'fɛra]
Zon (de)	Сонца (н)	['sɔntsa]
zonnestelsel (het)	Сонечная сістэма (ж)	['sɔnɛtʃnaja sis'tɛma]
zonsverduistering (de)	сонечнае зацьменне (н)	['sɔnɛtʃnaɛ zatsʲ'mɛɲɛ]
Aarde (de)	Зямля (ж)	[zʲam'ʎa]
Maan (de)	Месяц (м)	['mɛsʲatsʲ]
Mars (de)	Марс (м)	[mars]
Venus (de)	Венера (ж)	[wɛ'nɛra]
Jupiter (de)	Юпітэр (м)	[ju'pitɛr]
Saturnus (de)	Сатурн (м)	[sa'turn]
Mercurius (de)	Меркурый (м)	[mɛr'kurɪj]
Uranus (de)	Уран (м)	[u'ran]
Neptunus (de)	Нептун (м)	[nɛp'tun]
Pluto (de)	Плутон (м)	[plu'tɔn]
Melkweg (de)	Млечны Шлях (м)	['mlɛtʃnɪ 'ʃʎah]
Grote Beer (de)	Вялікая Мядзведзіца (ж)	[vʲa'likaja mʲadzʲ'wɛdzitsa]
Poolster (de)	Палярная зорка (ж)	[pa'ʎarnaja 'zɔrka]
marsmannetje (het)	марсіянін (м)	[marsi'janin]
buitenaards wezen (het)	іншапланецянін (м)	[inʃaplanɛ'tsʲanin]

bovenaards (het)	прышэлец (м)	[prɪˈʃɛlɛts]
vliegende schotel (de)	лятаючая талерка (ж)	[ʎaˈtajutʃaja taˈlɛrka]
ruimtevaartuig (het)	касмічны карабель (м)	[kasʲˈmitʃnɪ karaˈbɛʎ]
ruimtestation (het)	арбітальная станцыя (ж)	[arbiˈtaʎnaja ˈstantsɪja]
start (de)	старт (м)	[start]
motor (de)	рухавік (м)	[ruhaˈwik]
straalpijp (de)	сапло (н)	[sapˈlɔ]
brandstof (de)	паліва (н)	[ˈpaliva]
cabine (de)	кабіна (ж)	[kaˈbina]
antenne (de)	антэна (ж)	[anˈtɛna]
patrijspoort (de)	ілюмінатар (м)	[ilymiˈnatar]
zonnebatterij (de)	сонечная батарэя (ж)	[ˈsɔnɛtʃnaja bataˈrɛja]
ruimtepak (het)	скафандр (м)	[skaˈfandr]
gewichtloosheid (de)	бязважкасць (ж)	[bʲazˈvaʃkasʲts]
zuurstof (de)	кісларод (м)	[kislaˈrɔt]
koppeling (de)	стыкоўка (ж)	[stɪˈkɔuka]
koppeling maken	выконваць стыкоўку	[vɪˈkɔnvatsʲ stɪˈkɔuku]
observatorium (het)	абсерваторыя (ж)	[apsɛrvaˈtɔrɪja]
telescoop (de)	тэлескоп (м)	[tɛlɛsˈkɔp]
waarnemen (ww)	назіраць	[naziˈratsʲ]
exploreren (ww)	даследаваць	[dasʲˈlɛdavatsʲ]

123. De Aarde

Aarde (de)	Зямля (ж)	[zʲamˈʎa]
aardbol (de)	зямны шар (м)	[zʲamˈnɪ ˈʃar]
planeet (de)	планета (ж)	[plaˈnɛta]
atmosfeer (de)	атмасфера (ж)	[atmasˈfɛra]
aardrijkskunde (de)	геаграфія (ж)	[ɣɛaɣˈrafija]
natuur (de)	прырода (ж)	[prɪˈrɔda]
wereldbol (de)	глобус (м)	[ˈɣlɔbus]
kaart (de)	карта (ж)	[ˈkarta]
atlas (de)	атлас (м)	[atˈlas]
Europa (het)	Еўропа	[ɛuˈrɔpa]
Azië (het)	Азія	[ˈazija]
Afrika (het)	Афрыка	[ˈafrɪka]
Australië (het)	Аўстралія	[austˈralija]
Amerika (het)	Амерыка	[aˈmɛrɪka]
Noord-Amerika (het)	Паўночная Амерыка	[pauˈnɔtʃnaja aˈmɛrɪka]
Zuid-Amerika (het)	Паўднёвая Амерыка	[paudˈnɜvaja aˈmɛrɪka]
Antarctica (het)	Антарктыда	[antarkˈtɪda]
Arctis (de)	Арктыка	[ˈarktɪka]

124. Windrichtingen

noorden (het)	поўнач (ж)	['pounatʃ]
naar het noorden	на поўнач	[na 'pounatʃ]
in het noorden	на поўначы	[na 'pounatʃı]
noordelijk (bn)	паўночны	[pau'nɔtʃnı]
zuiden (het)	поўдзень (м)	['poudzɛɲ]
naar het zuiden	на поўдзень	[na 'poudzɛɲ]
in het zuiden	на поўдні	[na 'poudni]
zuidelijk (bn)	паўднёвы	[paud'nɜvı]
westen (het)	захад (м)	['zahat]
naar het westen	на захад	[na 'zahat]
in het westen	на захадзе	[na 'zahadzɛ]
westelijk (bn)	заходні	[za'hɔdni]
oosten (het)	усход (м)	[us'hɔt]
naar het oosten	на ўсход	[na us'hɔt]
in het oosten	на ўсходзе	[na us'hɔdzɛ]
oostelijk (bn)	усходні	[us'hɔdni]

125. Zee. Oceaan

zee (de)	мора (н)	['mɔra]
oceaan (de)	акіян (м)	[aki'jan]
golf (baai)	заліў (м)	[za'liu]
straat (de)	праліў (м)	[pra'liu]
continent (het)	мацярык (м)	[matɕa'rık]
eiland (het)	востраў (м)	['vɔstrau]
schiereiland (het)	паўвостраў (м)	[pau'vɔstrau]
archipel (de)	архіпелаг (м)	[arhipɛ'lah]
baai, bocht (de)	бухта (ж)	['buhta]
haven (de)	гавань (ж)	['ɣavaɲ]
lagune (de)	лагуна (ж)	[la'ɣuna]
kaap (de)	мыс (м)	[mıs]
atol (de)	атол (м)	[a'tɔl]
rif (het)	рыф (м)	[rıf]
koraal (het)	карал (м)	[ka'ral]
koraalrif (het)	каралавы рыф (м)	[ka'ralavı 'rıf]
diep (bn)	глыбокі	[ɣlı'bɔki]
diepte (de)	глыбіня (ж)	[ɣlıbi'ɲa]
diepzee (de)	бездань (ж)	['bɛzdaɲ]
trog (bijv. Marianentrog)	упадзіна (ж)	[u'padzina]
stroming (de)	плынь (ж)	[plıɲ]
omspoelen (ww)	абмываць	[abmı'vatsʲ]
oever (de)	бераг (м)	['bɛrah]
kust (de)	узбярэжжа (н)	[uzʲbʲa'rɛʐa]

vloed (de)	прыліў (м)	[prɪ'liu]
eb (de)	адліў (м)	[ad'liu]
ondiepte (ondiep water)	водмель (ж)	['vɔdmɛʎ]
bodem (de)	дно (н)	[dnɔ]

golf (hoge ~)	хваля (ж)	['hvaʎa]
golfkam (de)	грэбень (м) хвалі	['ɣrɛbɛɲ 'hvali]
schuim (het)	пена (ж)	['pɛna]

orkaan (de)	ураган (м)	[ura'ɣan]
tsunami (de)	цунамі (н)	[tsu'nami]
windstilte (de)	штыль (м)	[ʃtɪʎ]
kalm (bijv. ~e zee)	спакойны	[spa'kɔjnɪ]

| pool (de) | полюс (м) | ['pɔlys] |
| polair (bn) | палярны | [pa'ʎarnɪ] |

breedtegraad (de)	шырата (ж)	[ʃɪra'ta]
lengtegraad (de)	даўгата (ж)	[dauɣa'ta]
parallel (de)	паралель (ж)	[para'lɛʎ]
evenaar (de)	экватар (м)	[ɛk'vatar]

hemel (de)	неба (н)	['nɛba]
horizon (de)	гарызонт (м)	[ɣarɪ'zɔnt]
lucht (de)	паветра (н)	[pa'wɛtra]

vuurtoren (de)	маяк (м)	[ma'jak]
duiken (ww)	ныраць	[nɪ'ratsʲ]
zinken (ov. een boot)	затануць	[zata'nutsʲ]
schatten (mv.)	скарбы (м мн)	['skarbɪ]

126. Namen van zeeën en oceanen

Atlantische Oceaan (de)	Атлантычны акіян (м)	[atlan'tɪtʃnɪ aki'jan]
Indische Oceaan (de)	Індыйскі акіян (м)	[in'dɪjski aki'jan]
Stille Oceaan (de)	Ціхі акіян (м)	['tsihi aki'jan]
Noordelijke IJszee (de)	Паўночны Ледавіты акіян (м)	[pau'nɔtʃnɪ lɛda'witɪ aki'jan]

Zwarte Zee (de)	Чорнае мора (н)	['tʃɔrnae 'mɔra]
Rode Zee (de)	Чырвонае мора (н)	[tʃɪr'vɔnae 'mɔra]
Gele Zee (de)	Жоўтае мора (н)	['ʒoutae 'mɔra]
Witte Zee (de)	Белае мора (н)	['bɛlae 'mɔra]

Kaspische Zee (de)	Каспійскае мора (н)	[kasʲ'pijskae 'mɔra]
Dode Zee (de)	Мёртвае мора (н)	['mɜrtvae 'mɔra]
Middellandse Zee (de)	Міжземнае мора (н)	[miʒ'zɛmnae 'mɔra]

| Egeïsche Zee (de) | Эгейскае мора (н) | [ɛ'ɣɛjskae 'mɔra] |
| Adriatische Zee (de) | Адрыятычнае мора (н) | [adrɪja'tɪtʃnae 'mɔra] |

Arabische Zee (de)	Аравійскае мора (н)	[ara'wijskae 'mɔra]
Japanse Zee (de)	Японскае мора (н)	[ja'pɔnskae 'mɔra]
Beringzee (de)	Берынгава мора (н)	['bɛrɪŋava 'mɔra]

Zuid-Chinese Zee (de)	Паўднёва-Кітайскае мора (н)	[paud'nəva ki'tajskaɛ 'mɔra]
Koraalzee (de)	Каралавае мора (н)	[ka'ralavaɛ 'mɔra]
Tasmanzee (de)	Тасманава мора (н)	[tas'manava 'mɔra]
Caribische Zee (de)	Карыбскае мора (н)	[ka'rıpskaɛ 'mɔra]
Barentszzee (de)	Баранцава мора (н)	['barantsava 'mɔra]
Karische Zee (de)	Карскае мора (н)	['karskaɛ 'mɔra]
Noordzee (de)	Паўночнае мора (н)	[pau'nɔtʃnaɛ 'mɔra]
Baltische Zee (de)	Балтыйскае мора (н)	[bal'tıjskaɛ 'mɔra]
Noorse Zee (de)	Нарвежскае мора (н)	[nar'wɛʃskaɛ 'mɔra]

127. Bergen

berg (de)	гара (ж)	[ɣa'ra]
bergketen (de)	горны ланцуг (м)	['ɣɔrnı lan'tsuh]
gebergte (het)	горны хрыбет (м)	['ɣɔrnı hrı'bɛt]
bergtop (de)	вяршыня (ж)	[vʲar'ʃıɲa]
bergpiek (de)	пік (м)	[pik]
voet (ov. de berg)	падножжа (н)	[pad'nɔʑa]
helling (de)	схіл (м)	[shil]
vulkaan (de)	вулкан (м)	[vul'kan]
actieve vulkaan (de)	дзеючы вулкан (м)	['dzɛjutʃı vul'kan]
uitgedoofde vulkaan (de)	патухлы вулкан (м)	[pa'tuhlı vul'kan]
uitbarsting (de)	вывяржэнне (н)	[vivʲar'ʒɛɲɛ]
krater (de)	кратэр (м)	['kratɛr]
magma (het)	магма (ж)	['maɣma]
lava (de)	лава (ж)	['lava]
gloeiend (~e lava)	распалены	[ras'palɛnı]
kloof (canyon)	каньён (м)	[ka'ɲjɔn]
bergkloof (de)	цясніна (ж)	[tsʲasʲ'nina]
spleet (de)	цясніна (ж)	[tsʲasʲ'nina]
bergpas (de)	перавал (м)	[pɛra'val]
plateau (het)	плато (н)	[pla'tɔ]
klip (de)	скала (ж)	[ska'la]
heuvel (de)	узгорак (м)	[uz'ɣɔrak]
gletsjer (de)	ледавік (м)	[lɛda'wik]
waterval (de)	вадаспад (м)	[vadas'pat]
geiser (de)	гейзер (м)	['ɣɛjzɛr]
meer (het)	возера (н)	['vɔzɛra]
vlakte (de)	раўніна (ж)	[rau'nina]
landschap (het)	краявід (м)	[kraja'wit]
echo (de)	рэха (н)	['rɛha]
alpinist (de)	альпініст (м)	[aʎpi'nist]
bergbeklimmer (de)	скалалаз (м)	[skala'las]

| trotseren (berg ~) | авалодваць | [avaˈlɔdvatsʲ] |
| beklimming (de) | узыходжанне (н) | [uzɪˈhɔdʒaɲɛ] |

128. Bergen namen

Alpen (de)	Альпы (мн)	[ˈaʎpɪ]
Mont Blanc (de)	Манблан (м)	[manbˈlan]
Pyreneeën (de)	Пірэнеі (мн)	[pirɛˈnɛi]

Karpaten (de)	Карпаты (мн)	[karˈpatɪ]
Oeralgebergte (het)	Уральскія горы (мн)	[uˈraʎskija ˈɣɔrɪ]
Kaukasus (de)	Каўказ (м)	[kauˈkas]
Elbroes (de)	Эльбрус (м)	[ɛʎbˈrus]

Altaj (de)	Алтай (м)	[alˈtaj]
Tiensjan (de)	Цянь-Шань (м)	[tsʲaɲˈʃaɲ]
Pamir (de)	Памір (м)	[paˈmir]
Himalaya (de)	Гімалаі (мн)	[ɣimaˈlai]
Everest (de)	Эверэст (м)	[ɛwɛˈrɛst]

| Andes (de) | Анды (мн) | [ˈandɪ] |
| Kilimanjaro (de) | Кіліманджара (н) | [kilimanˈdʒara] |

129. Rivieren

rivier (de)	рака (ж)	[raˈka]
bron (~ van een rivier)	крыніца (ж)	[krɪˈnitsa]
rivierbedding (de)	рэчышча (н)	[ˈrɛtʃɪʃtʃa]
rivierbekken (het)	басейн (м)	[baˈsɛjn]
uitmonden in …	упадаць у …	[upaˈdatsʲ u]

| zijrivier (de) | прыток (м) | [prɪˈtɔk] |
| oever (de) | бераг (м) | [ˈbɛrah] |

stroming (de)	плынь (ж)	[plɪɲ]
stroomafwaarts (bw)	уніз па цячэнню	[uˈnis pa tsʲaˈtʃɛɲju]
stroomopwaarts (bw)	уверх па цячэнню	[uˈwɛrh pa tsʲaˈtʃɛɲju]

overstroming (de)	паводка (ж)	[paˈvɔtka]
overstroming (de)	разводдзе (н)	[razˈvɔddzɛ]
buiten zijn oevers treden	разлівацца	[razʲliˈvatsa]
overstromen (ww)	затапляць	[zatapˈʎatsʲ]

| zandbank (de) | мель (ж) | [mɛʎ] |
| stroomversnelling (de) | парог (м) | [paˈrɔh] |

dam (de)	плаціна (ж)	[plaˈtsina]
kanaal (het)	канал (м)	[kaˈnal]
spaarbekken (het)	вадасховішча (н)	[vadasˈhɔwiʃtʃa]
sluis (de)	шлюз (м)	[ʃlys]
waterlichaam (het)	вадаём (м)	[vadaɔm]
moeras (het)	балота (н)	[baˈlɔta]

broek (het)	багна (ж)	[ˈbaɣna]
draaikolk (de)	вір (м)	[wir]
stroom (de)	ручай (м)	[ruˈtʃaj]
drink- (abn)	пітны	[pitˈnɪ]
zoet (~ water)	прэсны	[ˈprɛsnɪ]
IJs (het)	лёд (м)	[ˈlɔt]
bevriezen (rivier, enz.)	замерзнуць	[zaˈmɛrznutsʲ]

130. Namen van rivieren

Seine (de)	Сена (ж)	[ˈsɛna]
Loire (de)	Луара (ж)	[luˈara]
Theems (de)	Тэмза (ж)	[ˈtɛmza]
Rijn (de)	Рэйн (м)	[rɛjn]
Donau (de)	Дунай (м)	[duˈnaj]
Wolga (de)	Волга (ж)	[ˈvɔlɣa]
Don (de)	Дон (м)	[dɔn]
Lena (de)	Лена (ж)	[ˈlɛna]
Gele Rivier (de)	Хуанхэ (н)	[huanˈhɛ]
Blauwe Rivier (de)	Янцзы (н)	[janˈdzɪ]
Mekong (de)	Меконг (м)	[mɛˈkɔnh]
Ganges (de)	Ганг (м)	[ɣanh]
Nijl (de)	Ніл (м)	[nil]
Kongo (de)	Конга (н)	[ˈkɔŋa]
Okavango (de)	Акаванга (ж)	[akaˈvaɲa]
Zambezi (de)	Замбезі (ж)	[zamˈbɛzi]
Limpopo (de)	Лімпапо (н)	[limpaˈpɔ]
Mississippi (de)	Місісіпі (ж)	[misiˈsipi]

131. Bos

bos (het)	лес (м)	[lɛs]
bos- (abn)	лясны	[ʎasˈnɪ]
oerwoud (dicht bos)	гушчар (м)	[ɣuʃˈtʃar]
bosje (klein bos)	гай (м)	[ɣaj]
open plek (de)	паляна (ж)	[paˈʎana]
struikgewas (het)	зараснікі (м мн)	[ˈzarasʲniki]
struiken (mv.)	хмызняк (м)	[hmɪzʲˈɲak]
paadje (het)	сцяжынка (ж)	[sʲtsʲaˈʒɪŋka]
ravijn (het)	яр (м)	[jar]
boom (de)	дрэва (н)	[ˈdrɛva]
blad (het)	ліст (м)	[list]

gebladerte (het)	лістота (ж)	[lisˈtota]
vallende bladeren (mv.)	лістапад (м)	[listaˈpat]
vallen (ov. de bladeren)	ападаць	[apaˈdatsʲ]
boomtop (de)	верхавіна (ж)	[wɛrhaˈwina]
tak (de)	галіна (ж)	[ɣaliˈna]
ent (de)	сук (м)	[suk]
knop (de)	пупышка (ж)	[puˈpɪʃka]
naald (de)	шыпулька (ж)	[ʃɪˈpuʎka]
dennenappel (de)	шышка (ж)	[ˈʃɪʃka]
boom holte (de)	дупло (н)	[dupˈlɔ]
nest (het)	гняздо (н)	[ɣɲazˈdɔ]
hol (het)	нара (ж)	[naˈra]
stam (de)	ствол (м)	[stvɔl]
wortel (bijv. boom~s)	корань (м)	[ˈkɔraɲ]
schors (de)	кара (ж)	[kaˈra]
mos (het)	мох (м)	[mɔh]
ontwortelen (een boom)	карчаваць	[kartʃaˈvatsʲ]
kappen (een boom ~)	сячы	[sʲaˈtʃɪ]
ontbossen (ww)	высякаць	[vɪsʲaˈkatsʲ]
stronk (de)	пень (м)	[pɛɲ]
kampvuur (het)	вогнішча (н)	[ˈvoɣniʃtʃa]
bosbrand (de)	пажар (м)	[paˈʒar]
blussen (ww)	тушыць	[tuˈʃɪtsʲ]
boswachter (de)	ляснік (м)	[ʎasʲˈnik]
bescherming (de)	ахова (ж)	[aˈhova]
beschermen (bijv. de natuur ~)	ахоўваць	[aˈhouvatsʲ]
stroper (de)	бракан ьер (м)	[brakaˈɲjɛr]
val (de)	пастка (ж)	[ˈpastka]
plukken (vruchten, enz.)	збіраць	[zʲbiˈratsʲ]
verdwalen (de weg kwijt zijn)	заблудзіць	[zabluˈdzitsʲ]

132. Natuurlijke hulpbronnen

natuurlijke rijkdommen (mv.)	прыродныя рэсурсы (м мн)	[prɪˈrodnɪja rɛˈsursɪ]
delfstoffen (mv.)	карысныя выкапні (м мн)	[kaˈrɪsnɪja ˈvɪkapni]
lagen (mv.)	паклады (м мн)	[pakˈladɪ]
veld (bijv. olie~)	радовішча (н)	[raˈdɔwiʃtʃa]
winnen (uit erts ~)	здабываць	[zdabɪˈvatsʲ]
winning (de)	здабыча (ж)	[zdaˈbɪtʃa]
erts (het)	руда (ж)	[ruˈda]
mijn (bijv. kolenmijn)	руднік (м)	[rudʲˈnik]
mijnschacht (de)	шахта (ж)	[ˈʃahta]
mijnwerker (de)	шахцёр (м)	[ʃahˈtsɜr]
gas (het)	газ (м)	[ɣas]
gasleiding (de)	газаправод (м)	[ɣazapraˈvɔt]

olie (aardolie)	нафта (ж)	['nafta]
olieleiding (de)	нафтаправод (м)	[naftapra'vɔt]
oliebron (de)	нафтавая вышка (ж)	['naftavaja 'vɪʃka]
boortoren (de)	буравая вышка (ж)	[bura'vaja 'vɪʃka]
tanker (de)	танкер (м)	['taŋkɛr]
zand (het)	пясок (м)	[pʲa'sɔk]
kalksteen (de)	вапняк (м)	[vap'ɲak]
grind (het)	жвір (м)	[ʒwir]
veen (het)	торф (м)	[tɔrf]
klei (de)	гліна (ж)	['ɣlina]
steenkool (de)	вугаль (м)	['vuɣaʎ]
IJzer (het)	жалеза (н)	[ʒa'lɛza]
goud (het)	золата (н)	['zɔlata]
zilver (het)	срэбра (н)	['srɛbra]
nikkel (het)	нікель (м)	['nikɛʎ]
koper (het)	медзь (ж)	[mɛts]
zink (het)	цынк (м)	[tsɪŋk]
mangaan (het)	марганец (м)	['marɣanɛts]
kwik (het)	ртуць (ж)	[rtuts]
lood (het)	свінец (м)	[sʲwi'nɛts]
mineraal (het)	мінерал (м)	[minɛ'ral]
kristal (het)	крышталь (м)	[krɪʃ'taʎ]
marmer (het)	мармур (м)	['marmur]
uraan (het)	уран (м)	[u'ran]

De Aarde. Deel 2

133. Weer

weer (het)	надвор'е (н)	[nadˈvorʲɛ]
weersvoorspelling (de)	прагноз (м) надвор'я	[praɣˈnos nadˈvorʲja]
temperatuur (de)	тэмпература (ж)	[tɛmpɛraˈtura]
thermometer (de)	тэрмометр (м)	[tɛrˈmomɛtr]
barometer (de)	барометр (м)	[baˈrometr]
vochtigheid (de)	вільготнасць (ж)	[wiʎˈɣotnasʲts]
hitte (de)	гарачыня (ж)	[ɣaratʃɨˈɲa]
heet (bn)	гарачы	[ɣaˈratʃɨ]
het is heet	горача	[ˈɣoratʃa]
het is warm	цёпла	[ˈtsɜpla]
warm (bn)	цёплы	[ˈtsɜplɨ]
het is koud	холадна	[ˈholadna]
koud (bn)	халодны	[haˈlodnɨ]
zon (de)	сонца (н)	[ˈsontsa]
schijnen (de zon)	свяціць	[sʲvʲaˈtsitsʲ]
zonnig (~e dag)	сонечны	[ˈsonɛtʃnɨ]
opgaan (ov. de zon)	узысці	[uzɨsʲˈtsi]
ondergaan (ww)	сесці	[ˈsɛsʲtsi]
wolk (de)	воблака (н)	[ˈvoblaka]
bewolkt (bn)	воблачны	[ˈvoblatʃnɨ]
regenwolk (de)	хмара (ж)	[ˈhmara]
somber (bn)	пахмурны	[pahˈmurnɨ]
regen (de)	дождж (м)	[doʃtʃ]
het regent	ідзе дождж	[iˈdzɛ ˈdoʃtʃ]
regenachtig (bn)	дажджлівы	[daʒdʒˈlivɨ]
motregenen (ww)	імжыць	[imˈʒɨtsʲ]
plensbui (de)	праліўны дождж (м)	[praliuˈnɨ ˈdoʃtʃ]
stortbui (de)	лівень (м)	[ˈliwɛɲ]
hard (bn)	моцны	[ˈmotsnɨ]
plas (de)	лужына (ж)	[ˈluʒɨna]
nat worden (ww)	мокнуць	[ˈmoknutsʲ]
mist (de)	туман (м)	[tuˈman]
mistig (bn)	туманны	[tuˈmanɨ]
sneeuw (de)	снег (м)	[sʲnɛh]
het sneeuwt	ідзе снег	[iˈdzɛ ˈsʲnɛh]

134. Zwaar weer. Natuurrampen

noodweer (storm)	навальніца (ж)	[navaʎ'nitsa]
bliksem (de)	маланка (ж)	[ma'laŋka]
flitsen (ww)	бліскаць	['bliskats]

donder (de)	гром (м)	[ɣrɔm]
donderen (ww)	грымець	[ɣrɪ'mɛts]
het dondert	грыміць гром	[ɣrɪ'midzʲ 'ɣrɔm]

hagel (de)	град (м)	[ɣrat]
het hagelt	ідзе град	[i'dzɛ 'ɣrat]

overstromen (ww)	затапіць	[zata'pits]
overstroming (de)	паводка (ж)	[pa'vɔtka]

aardbeving (de)	землятрус (м)	[zɛmʎat'rus]
aardschok (de)	штуршок (м)	[ʃtur'ʃɔk]
epicentrum (het)	эпіцэнтр (м)	[ɛpi'tsɛntr]

uitbarsting (de)	вывяржэнне (н)	[vɪvʲar'ʒɛŋɛ]
lava (de)	лава (ж)	['lava]

wervelwind (de)	смерч (м)	[sʲmɛrtʃ]
windhoos (de)	тарнада (м)	[tar'nada]
tyfoon (de)	тайфун (м)	[taj'fun]

orkaan (de)	ураган (м)	[ura'ɣan]
storm (de)	бура (ж)	['bura]
tsunami (de)	цунамі (н)	[tsu'nami]

cycloon (de)	цыклон (м)	[tsɪk'lɔn]
onweer (het)	непагадзь (ж)	['nɛpaɣatsʲ]
brand (de)	пажар (м)	[pa'ʒar]
ramp (de)	катастрофа (ж)	[katast'rɔfa]
meteoriet (de)	метэарыт (м)	[mɛtɛa'rɪt]

lawine (de)	лавіна (ж)	[la'wina]
sneeuwverschuiving (de)	абвал (м)	[ab'val]
sneeuwjacht (de)	мяцеліца (ж)	[mʲa'tsɛlitsa]
sneeuwstorm (de)	завіруха (ж)	[zawi'ruha]

Fauna

135. Zoogdieren. Roofdieren

roofdier (het)	драпежнік (м)	[dra'pɛʒnik]
tijger (de)	тыгр (м)	[tıɣr]
leeuw (de)	леў (м)	['lɛu]
wolf (de)	воўк (м)	['vɔuk]
vos (de)	ліса (ж)	['lisa]
jaguar (de)	ягуар (м)	[jaɣu'ar]
luipaard (de)	леапард (м)	[lɛa'part]
jachtluipaard (de)	гепард (м)	[ɣɛ'part]
panter (de)	пантэра (ж)	[pan'tɛra]
poema (de)	пума (ж)	['puma]
sneeuwluipaard (de)	снежны барс (м)	['sʲnɛʒnı 'bars]
lynx (de)	рысь (ж)	[rısʲ]
coyote (de)	каёт (м)	[ka3t]
jakhals (de)	шакал (м)	[ʃa'kal]
hyena (de)	гіена (ж)	[ɣi'ɛna]

136. Wilde dieren

dier (het)	жывёліна (ж)	[ʒı'wɜlina]
beest (het)	звер (м)	[zʲwɛr]
eekhoorn (de)	вавёрка (ж)	[va'wɜrka]
egel (de)	вожык (м)	['vɔʒık]
haas (de)	заяц (м)	['zajats]
konijn (het)	трус (м)	[trus]
das (de)	барсук (м)	[bar'suk]
wasbeer (de)	янот (м)	[ja'nɔt]
hamster (de)	хамяк (м)	[ha'mʲak]
marmot (de)	сурок (м)	[su'rɔk]
mol (de)	крот (м)	[krɔt]
muis (de)	мыш (ж)	[mıʃ]
rat (de)	пацук (м)	[pa'tsuk]
vleermuis (de)	кажан (м)	[ka'ʒan]
hermelijn (de)	гарнастай (м)	[ɣarnas'taj]
sabeldier (het)	собаль (м)	['sɔbaʎ]
marter (de)	куніца (ж)	[ku'nitsa]
wezel (de)	ласка (ж)	['laska]
nerts (de)	норка (ж)	['nɔrka]

bever (de)	бабёр (м)	[ba'bɜr]
otter (de)	выдра (ж)	['vɪdra]
paard (het)	конь (м)	[kɔɲ]
eland (de)	лось (м)	[lɔsʲ]
hert (het)	алень (м)	[a'lɛɲ]
kameel (de)	вярблюд (м)	[vʲarb'lyt]
bizon (de)	бізон (м)	[bi'zɔn]
oeros (de)	зубр (м)	[zubr]
buffel (de)	буйвал (м)	['bujval]
zebra (de)	зебра (ж)	['zɛbra]
antilope (de)	антылопа (ж)	[antɪ'lɔpa]
ree (de)	казуля (ж)	[ka'zuʎa]
damhert (het)	лань (ж)	[laɲ]
gems (de)	сарна (ж)	['sarna]
everzwijn (het)	дзік (м)	[dzik]
walvis (de)	кіт (м)	[kit]
rob (de)	цюлень (м)	[tsy'lɛɲ]
walrus (de)	морж (м)	[mɔrʃ]
zeehond (de)	коцік (м)	['kɔtsik]
dolfijn (de)	дэльфін (м)	[dɛʎ'fin]
beer (de)	мядзведзь (м)	[mʲadzʲ'wɛts]
IJsbeer (de)	белы мядзведзь (м)	['bɛlɪ mʲadzʲ'wɛts]
panda (de)	панда (ж)	['panda]
aap (de)	малпа (ж)	['malpa]
chimpansee (de)	шымпанзэ (м)	[ʃɪmpan'zɛ]
orang-oetan (de)	арангутанг (м)	[araŋu'tanh]
gorilla (de)	гарыла (ж)	[ɣa'rɪla]
makaak (de)	макака (ж)	[ma'kaka]
gibbon (de)	гібон (м)	[ɣi'bɔn]
olifant (de)	слон (м)	[slɔn]
neushoorn (de)	насарог (м)	[nasa'rɔh]
giraffe (de)	жырафа (ж)	[ʒɪ'rafa]
nijlpaard (het)	бегемот (м)	[bɛɣɛ'mɔt]
kangoeroe (de)	кенгуру (м)	[kɛŋu'ru]
koala (de)	каала (ж)	[ka'ala]
mangoest (de)	мангуст (м)	[ma'ŋust]
chinchilla (de)	шыншыла (ж)	[ʃɪn'ʃɪla]
stinkdier (het)	скунс (м)	[skuns]
stekelvarken (het)	дзікабраз (м)	[dzikab'ras]

137. Huisdieren

poes (de)	кошка (ж)	['kɔʃka]
kater (de)	кот (м)	[kɔt]
hond (de)	сабака (м)	[sa'baka]

paard (het)	конь (м)	[kɔɲ]
hengst (de)	жарабец (м)	[ʒara'bɛts]
merrie (de)	кабыла (ж)	[ka'bɪla]
koe (de)	карова (ж)	[ka'rɔva]
stier (de)	бык (м)	[bɪk]
os (de)	вол (м)	[vɔl]
schaap (het)	авечка (ж)	[a'wɛtʃka]
ram (de)	баран (м)	[ba'ran]
geit (de)	каза (ж)	[ka'za]
bok (de)	казёл (м)	[ka'zɔl]
ezel (de)	асёл (м)	[a'sɔl]
muilezel (de)	мул (м)	[mul]
varken (het)	свіння (ж)	[sʲwi'ɲʲa]
biggetje (het)	парася (н)	[para'sʲa]
konijn (het)	трус (м)	[trus]
kip (de)	курыца (ж)	['kurɪtsa]
haan (de)	певень (м)	['pɛwɛɲ]
eend (de)	качка (ж)	['katʃka]
woerd (de)	качар (м)	['katʃar]
gans (de)	гусь (ж)	[ɣusʲ]
kalkoen haan (de)	індык (м)	[in'dɪk]
kalkoen (de)	індычка (ж)	[in'dɪtʃka]
huisdieren (mv.)	свойская жывёла (ж)	['svɔjskaja ʒɪ'wɔla]
tam (bijv. hamster)	ручны	[rutʃ'nɪ]
temmen (tam maken)	прыручаць	[prɪru'tʃats]
fokken (bijv. paarden ~)	выгадоўваць	[vɪɣa'dɔuvats]
boerderij (de)	ферма (ж)	['fɛrma]
gevogelte (het)	свойская птушка (ж)	['svɔjskaja 'ptuʃka]
rundvee (het)	жывёла (ж)	[ʒɪ'wɔla]
kudde (de)	статак (м)	['statak]
paardenstal (de)	стайня (ж)	['stajɲa]
zwijnenstal (de)	свінарнік (м)	[sʲwi'narnik]
koeienstal (de)	кароўнік (м)	[ka'rɔunik]
konijnenhok (het)	трусятнік (м)	[tru'sʲatnik]
kippenhok (het)	куратнік (м)	[ku'ratnik]

138. Vogels

vogel (de)	птушка (ж)	['ptuʃka]
duif (de)	голуб (м)	['ɣɔlup]
mus (de)	верабей (м)	[wɛra'bɛj]
koolmees (de)	сініца (ж)	[si'nitsa]
ekster (de)	сарока (ж)	[sa'rɔka]
raaf (de)	крумкач (м)	[krum'katʃ]

kraai (de)	варона (ж)	[vaˈrɔna]
kauw (de)	галка (ж)	[ˈɣalka]
roek (de)	грак (м)	[ˈɣrak]
eend (de)	качка (ж)	[ˈkatʃka]
gans (de)	гусь (ж)	[ɣusʲ]
fazant (de)	фазан (м)	[faˈzan]
arend (de)	арол (м)	[aˈrɔl]
havik (de)	ястраб (м)	[ˈjastrap]
valk (de)	сокал (м)	[ˈsɔkal]
gier (de)	грыф (м)	[ɣrɪf]
condor (de)	кондар (м)	[ˈkɔndar]
zwaan (de)	лебедзь (м)	[ˈlɛbɛts]
kraanvogel (de)	журавель (м)	[ʒuraˈwɛʎ]
ooievaar (de)	бусел (м)	[ˈbusɛl]
papegaai (de)	папугай (м)	[papuˈɣaj]
kolibrie (de)	калібры (м)	[kaˈlibrɪ]
pauw (de)	паўлін (м)	[pauˈlin]
struisvogel (de)	страус (м)	[ˈstraus]
reiger (de)	чапля (ж)	[ˈtʃapʎa]
flamingo (de)	фламінга (м)	[flaˈmiŋa]
pelikaan (de)	пелікан (м)	[pɛliˈkan]
nachtegaal (de)	салавей (м)	[salaˈwɛj]
zwaluw (de)	ластаўка (ж)	[ˈlastauka]
lijster (de)	дрозд (м)	[drɔst]
zanglijster (de)	пеўчы дрозд (м)	[ˈpɛutʃɪ ˈdrɔst]
merel (de)	чорны дрозд (м)	[ˈtʃɔrnɪ ˈdrɔst]
gierzwaluw (de)	стрыж (м)	[strɪʃ]
leeuwerik (de)	жаваранак (м)	[ˈʒavaranak]
kwartel (de)	перапёлка (ж)	[pɛraˈpɔlka]
specht (de)	дзяцел (м)	[ˈdzʲatsɛl]
koekoek (de)	зязюля (ж)	[zʲaˈzyʎa]
uil (de)	сава (ж)	[saˈva]
oehoe (de)	пугач (м)	[puˈɣatʃ]
auerhoen (het)	глушэц (м)	[ɣluˈʃɛts]
korhoen (het)	цецярук (м)	[tsɛtsʲaˈruk]
patrijs (de)	курапатка (ж)	[kuraˈpatka]
spreeuw (de)	шпак (м)	[ʃpak]
kanarie (de)	канарэйка (ж)	[kanaˈrɛjka]
hazelhoen (het)	рабчык (м)	[ˈraptʃɪk]
vink (de)	зяблік (м)	[ˈzʲablik]
goudvink (de)	гіль (м)	[ɣiʎ]
meeuw (de)	чайка (ж)	[ˈtʃajka]
albatros (de)	альбатрос (м)	[aʎbatˈrɔs]
pinguïn (de)	пінгвін (м)	[piŋˈwin]

139. Vis. Zeedieren

brasem (de)	лешч (м)	[lɛʃtʃ]
karper (de)	карп (м)	[karp]
baars (de)	акунь (м)	[aˈkuɲ]
meerval (de)	сом (м)	[sɔm]
snoek (de)	шчупак (м)	[ʃtʃuˈpak]
zalm (de)	ласось (м)	[laˈsɔsʲ]
steur (de)	асетр (м)	[aˈsɛtr]
haring (de)	селядзец (м)	[sɛʎaˈdzɛts]
atlantische zalm (de)	сёмга (ж)	[ˈsɜmɣa]
makreel (de)	скумбрыя (ж)	[ˈskumbrɪja]
platvis (de)	камбала (ж)	[ˈkambala]
snoekbaars (de)	судак (м)	[suˈdak]
kabeljauw (de)	траска (ж)	[trasˈka]
tonijn (de)	тунец (м)	[tuˈnɛts]
forel (de)	стронга (ж)	[ˈstrɔŋa]
paling (de)	вугор (м)	[vuˈɣɔr]
sidderrog (de)	электрычны скат (м)	[ɛlɛktˈrɪtʃnɪ ˈskat]
murene (de)	мурэна (ж)	[muˈrɛna]
piranha (de)	піранња (ж)	[piˈraɲja]
haai (de)	акула (ж)	[aˈkula]
dolfijn (de)	дэльфін (м)	[dɛʎˈfin]
walvis (de)	кіт (м)	[kit]
krab (de)	краб (м)	[krap]
kwal (de)	медуза (ж)	[mɛˈduza]
octopus (de)	васьміног (м)	[vasʲmiˈnɔh]
zeester (de)	марская зорка (ж)	[marsˈkaja ˈzɔrka]
zee-egel (de)	марскі вожык (м)	[marsˈki ˈvɔʒɪk]
zeepaardje (het)	марскі конік (м)	[marsˈki ˈkɔnik]
oester (de)	вустрыца (ж)	[ˈvustrɪtsa]
garnaal (de)	крэветка (ж)	[krɛˈwɛtka]
kreeft (de)	амар (м)	[aˈmar]
langoest (de)	лангуст (м)	[laˈŋust]

140. Amfibieën. Reptielen

slang (de)	змяя (ж)	[zʲmʲaˈja]
giftig (slang)	ядавіты	[jadaˈwitɪ]
adder (de)	гадзюка (ж)	[ɣaˈdzyka]
cobra (de)	кобра (ж)	[ˈkɔbra]
python (de)	піton (м)	[piˈtɔn]
boa (de)	удаў (м)	[uˈdau]
ringslang (de)	вуж (м)	[vuʃ]

| ratelslang (de) | грымучая змяя (ж) | [ɣrı'mutʃaja zʲmʲa'ja] |
| anaconda (de) | анаконда (ж) | [ana'kɔnda] |

hagedis (de)	яшчарка (ж)	['jaʃtʃarka]
leguaan (de)	ігуана (ж)	[iɣu'ana]
varaan (de)	варан (м)	[va'ran]
salamander (de)	саламандра (ж)	[sala'mandra]
kameleon (de)	хамелеон (м)	[hamɛlɛ'ɔn]
schorpioen (de)	скарпіён (м)	[skarpiɜn]

schildpad (de)	чарапаха (ж)	[tʃara'paha]
kikker (de)	жаба (ж)	['ʒaba]
pad (de)	рапуха (ж)	[ra'puha]
krokodil (de)	кракадзіл (м)	[kraka'dzil]

141. Insecten

insect (het)	насякомае (н)	[nasʲa'kɔmaɛ]
vlinder (de)	матылёк (м)	[matı'lɜk]
mier (de)	мурашка (ж)	[mu'raʃka]
vlieg (de)	муха (ж)	['muha]
mug (de)	камар (м)	[ka'mar]
kever (de)	жук (м)	[ʒuk]

wesp (de)	аса (ж)	[a'sa]
bij (de)	пчала (ж)	[ptʃa'la]
hommel (de)	чмель (м)	[tʃmɛʎ]
horzel (de)	авадзень (м)	[ava'dzɛɲ]

| spin (de) | павук (м) | [pa'vuk] |
| spinnenweb (het) | павуціна (ж) | [pavu'tsʲinа] |

libel (de)	страказа (ж)	[straka'za]
sprinkhaan (de)	конік (м)	['kɔnik]
nachtvlinder (de)	матыль (м)	[ma'tıʎ]

kakkerlak (de)	таракан (м)	[tara'kan]
mijt (de)	клешч (м)	[klɛʃtʃ]
vlo (de)	блыха (ж)	[blı'ha]
kriebelmug (de)	мошка (ж)	['mɔʃka]

treksprinkhaan (de)	саранча (ж)	[saran'tʃa]
slak (de)	слімак (м)	[sʲli'mak]
krekel (de)	цвыркун (м)	[tsvır'kun]
glimworm (de)	светлячок (м)	[sʲwɛtʎa'tʃɔk]
lieveheersbeestje (het)	божая кароўка (ж)	['bɔʒaja ka'rɔuka]
meikever (de)	хрушч (м)	[hruʃtʃ]

bloedzuiger (de)	п'яўка (ж)	['pʰjauka]
rups (de)	вусень (м)	['vusɛɲ]
aardworm (de)	чарвяк (м)	[tʃar'vʲak]
larve (de)	чарвяк (м)	[tʃar'vʲak]

Flora

142. Bomen

boom (de)	дрэва (н)	[ˈdrɛva]
loof- (abn)	ліставое	[listaˈvɔɛ]
dennen- (abn)	хвойнае	[ˈhvɔjnaɛ]
groenblijvend (bn)	вечназялёнае	[wɛtʃnazʲaˈlɜnaɛ]
appelboom (de)	яблыня (ж)	[ˈjablɪɲa]
perenboom (de)	груша (ж)	[ˈɣruʃa]
zoete kers (de)	чарэшня (ж)	[tʃaˈrɛʃɲa]
zure kers (de)	вішня (ж)	[ˈwiʃɲa]
pruimelaar (de)	сліва (ж)	[ˈsʲliva]
berk (de)	бяроза (ж)	[bʲaˈrɔza]
eik (de)	дуб (м)	[dup]
linde (de)	ліпа (ж)	[ˈlipa]
esp (de)	асіна (ж)	[aˈsina]
esdoorn (de)	клён (м)	[ˈklɜn]
spar (de)	елка (ж)	[ˈɛlka]
den (de)	сасна (ж)	[sasˈna]
lariks (de)	лістоўніца (ж)	[lisˈtɔunitsa]
zilverspar (de)	піхта (ж)	[ˈpihta]
ceder (de)	кедр (м)	[kɛdr]
populier (de)	таполя (ж)	[taˈpɔʎa]
lijsterbes (de)	рабіна (ж)	[raˈbina]
wilg (de)	вярба (ж)	[vʲarˈba]
els (de)	вольха (ж)	[ˈvɔʎha]
beuk (de)	бук (м)	[buk]
iep (de)	вяз (м)	[vʲas]
es (de)	ясень (м)	[ˈjasɛɲ]
kastanje (de)	каштан (м)	[kaʃˈtan]
magnolia (de)	магнолія (ж)	[maɣˈnɔlija]
palm (de)	пальма (ж)	[ˈpaʎma]
cipres (de)	кіпарыс (м)	[kipaˈrɪs]
mangrove (de)	мангравае дрэва (н)	[ˈmaɲravaɛ ˈdrɛva]
baobab (apenbroodboom)	баабаб (м)	[baːˈbap]
eucalyptus (de)	эўкаліпт (м)	[ɛukaˈlipt]
mammoetboom (de)	секвоя (ж)	[sɛkˈvɔja]

143. Heesters

struik (de)	куст (м)	[kust]
heester (de)	хмызняк (м)	[hmɪzʲˈɲak]

wijnstok (de)	вінаград (м)	[winaɣ'rat]
wijngaard (de)	вінаграднік (м)	[winaɣ'radnik]
frambozenstruik (de)	маліны (ж мн)	[ma'lini]
rode bessenstruik (de)	чырвоныя парэчкі (ж мн)	[tʃir'vɔnıja pa'rɛtʃki]
kruisbessenstruik (de)	агрэст (м)	[aɣ'rɛst]
acacia (de)	акацыя (ж)	[a'katsıja]
zuurbes (de)	барбарыс (м)	[barba'rıs]
jasmijn (de)	язмін (м)	[jazʲ'min]
jeneverbes (de)	ядловец (м)	[jad'lɔwɛts]
rozenstruik (de)	ружавы куст (м)	['ruʒavı kust]
hondsroos (de)	шыпшына (ж)	[ʃıp'ʃına]

144. Vruchten. Bessen

appel (de)	яблык (м)	['jablık]
peer (de)	груша (ж)	['ɣruʃa]
pruim (de)	сліва (ж)	['sʲliva]
aardbei (de)	клубніцы (ж мн)	[klub'nitsı]
zure kers (de)	вішня (ж)	['wiʃna]
zoete kers (de)	чарэшня (ж)	[tʃa'rɛʃna]
druif (de)	вінаград (м)	[winaɣ'rat]
framboos (de)	маліны (ж мн)	[ma'lini]
zwarte bes (de)	чорныя парэчкі (ж мн)	['tʃɔrnıja pa'rɛtʃki]
rode bes (de)	чырвоныя парэчкі (ж мн)	[tʃir'vɔnıja pa'rɛtʃki]
kruisbes (de)	агрэст (м)	[aɣ'rɛst]
veenbes (de)	журавіны (ж мн)	[ʒura'winı]
sinaasappel (de)	апельсін (м)	[apɛlʲ'sin]
mandarijn (de)	мандарын (м)	[manda'rın]
ananas (de)	ананас (м)	[ana'nas]
banaan (de)	банан (м)	[ba'nan]
dadel (de)	фінік (м)	['finik]
citroen (de)	лімон (м)	[li'mɔn]
abrikoos (de)	абрыкос (м)	[abrı'kɔs]
perzik (de)	персік (м)	['pɛrsik]
kiwi (de)	ківі (м)	['kiwi]
grapefruit (de)	грэйпфрут (м)	[ɣrɛjpf'rut]
bes (de)	ягада (ж)	['jaɣada]
bessen (mv.)	ягады (ж мн)	['jaɣadı]
vossenbes (de)	брусніцы (ж мн)	[brusʲ'nitsı]
bosaardbei (de)	суніцы (ж мн)	[su'nitsı]
bosbes (de)	чарніцы (ж мн)	[tʃar'nitsı]

145. Bloemen. Planten

bloem (de)	кветка (ж)	['kwɛtka]
boeket (het)	букет (м)	[bu'kɛt]

roos (de)	ружа (ж)	['ruʒa]
tulp (de)	цюльпан (м)	[tsyʎ'pan]
anjer (de)	гваздзік (м)	[ɣvazʲ'dzik]
gladiool (de)	гладыёлус (м)	[ɣladɪɔlus]
korenbloem (de)	валошка (ж)	[va'lɔʃka]
klokje (het)	званочак (м)	[zva'nɔtʃak]
paardenbloem (de)	дзьмухавец (м)	[dzʲmuha'wɛts]
kamille (de)	рамонак (м)	[ra'mɔnak]
aloë (de)	альяс (м)	[a'ʎjas]
cactus (de)	кактус (м)	['kaktus]
ficus (de)	фікус (м)	['fikus]
lelie (de)	лілея (ж)	[li'lɛja]
geranium (de)	герань (ж)	[ɣɛ'raɲ]
hyacint (de)	гіяцынт (м)	[ɣija'tsɪnt]
mimosa (de)	мімоза (ж)	[mi'mɔza]
narcis (de)	нарцыс (м)	[nar'tsɪs]
Oostindische kers (de)	настурка (ж)	[nas'turka]
orchidee (de)	архідэя (ж)	[arhi'dɛja]
pioenroos (de)	півоня (ж)	[pi'vɔɲa]
viooltje (het)	фіялка (ж)	[fi'jalka]
driekleurig viooltje (het)	браткі (мн)	['bratki]
vergeet-mij-nietje (het)	незабудка (ж)	[nɛza'butka]
madeliefje (het)	маргарытка (ж)	[marɣa'rɪtka]
papaver (de)	мак (м)	[mak]
hennep (de)	канопл (мн)	[ka'nɔpli]
munt (de)	мята (ж)	['mʲata]
lelietje-van-dalen (het)	ландыш (м)	['landɪʃ]
sneeuwklokje (het)	падснежнік (м)	[patsʲ'nɛʒnik]
brandnetel (de)	крапіва (ж)	[krapi'va]
veldzuring (de)	шчаўе (н)	['ʃtʃauɛ]
waterlelie (de)	гарлачык (м)	[ɣar'latʃɪk]
varen (de)	папараць (ж)	['paparats]
korstmos (het)	лішайнік (м)	[li'ʃajnik]
oranjerie (de)	аранжарэя (ж)	[aranʒa'rɛja]
gazon (het)	газон (м)	[ɣa'zɔn]
bloemperk (het)	клумба (ж)	['klumba]
plant (de)	расліна (ж)	[rasʲ'lina]
gras (het)	трава (ж)	[tra'va]
grasspriet (de)	травінка (ж)	[tra'wiŋka]
blad (het)	ліст (м)	[list]
bloemblad (het)	пялёстак (м)	[pʲa'lɔstak]
stengel (de)	сцябло (н)	[sʲtsʲabʲ'lɔ]
knol (de)	клубень (м)	['klubɛɲ]
scheut (de)	расток (м)	[ras'tɔk]

doorn (de)	калючка (ж)	[ka'lytʃka]
bloeien (ww)	цвісці	[tswisʲ'tsi]
verwelken (ww)	вянуць	['vʲanuts]
geur (de)	пах (м)	[pah]
snijden (bijv. bloemen ~)	зразаць	[zra'zats]
plukken (bloemen ~)	сарваць	[sar'vats]

146. Granen, graankorrels

graan (het)	зерне (н)	['zɛrnɛ]
graangewassen (mv.)	зерневыя расліны (ж мн)	['zɛrnɛvɪja rasʲ'linɪ]
aar (de)	колас (м)	['kɔlas]
tarwe (de)	пшаніца (ж)	[pʃa'nitsa]
rogge (de)	жыта (н)	['ʒɪta]
haver (de)	авёс (м)	[a'wɜs]
gierst (de)	проса (н)	['prɔsa]
gerst (de)	ячмень (м)	[jatʃʲ'mɛɲ]
maïs (de)	кукуруза (ж)	[kuku'ruza]
rijst (de)	рыс (м)	[rɪs]
boekweit (de)	грэчка (ж)	['ɣrɛtʃka]
erwt (de)	гарох (м)	[ɣa'rɔh]
boon (de)	фасоля (ж)	[fa'sɔʎa]
soja (de)	соя (ж)	['sɔja]
linze (de)	сачавіца (ж)	[satʃa'witsa]
bonen (mv.)	боб (м)	[bɔp]

LANDEN. NATIONALITEITEN

147. West-Europa

Europa (het)	Еўропа	[ɛu'rɔpa]
Europese Unie (de)	Еўрапейскі саюз	[ɛura'pɛjski sa'jus]
Oostenrijk (het)	Аўстрыя	['austrɪja]
Groot-Brittannië (het)	Вялікабрытанія	[vʲalikabrɪ'tanija]
Engeland (het)	Англія	['aŋlija]
België (het)	Бельгія	['bɛʎɣija]
Duitsland (het)	Германія	[ɣɛr'manija]
Nederland (het)	Нідэрланды	[nidɛr'landɪ]
Holland (het)	Галандыя	[ɣa'landɪja]
Griekenland (het)	Грэцыя	['ɣrɛtsɪja]
Denemarken (het)	Данія	['danija]
Ierland (het)	Ірландыя	[ir'landɪja]
IJsland (het)	Ісландыя	[is'landɪja]
Spanje (het)	Іспанія	[is'panija]
Italië (het)	Італія	[i'talija]
Cyprus (het)	Кіпр	[kipr]
Malta (het)	Мальта	['maʎta]
Noorwegen (het)	Нарвегія	[nar'wɛɣija]
Portugal (het)	Партугалія	[partu'ɣalija]
Finland (het)	Фінляндыя	[fin'ʎandɪja]
Frankrijk (het)	Францыя	['frantsɪja]
Zweden (het)	Швецыя	['ʃwɛtsɪja]
Zwitserland (het)	Швейцарыя	[ʃwɛj'tsarɪja]
Schotland (het)	Шатландыя	[ʃat'landɪja]
Vaticaanstad (de)	Ватыкан	[vatɪ'kan]
Liechtenstein (het)	Ліхтэнштэйн	[lihtɛnʃ'tɛjn]
Luxemburg (het)	Люксембург	[lyksɛm'burh]
Monaco (het)	Манака	[ma'naka]

148. Centraal- en Oost-Europa

Albanië (het)	Албанія	[al'banija]
Bulgarije (het)	Балгарыя	[bal'ɣarɪja]
Hongarije (het)	Венгрыя	['wɛŋrɪja]
Letland (het)	Латвія	['latwija]
Litouwen (het)	Літва	[lit'va]
Polen (het)	Польшча	['pɔʎʃtʃa]

Roemenië (het)	Румынія	[ru'mınija]
Servië (het)	Сербія	['sɛrbija]
Slowakije (het)	Славакія	[sla'vakija]
Kroatië (het)	Харватыя	[har'vatıja]
Tsjechië (het)	Чэхія	['tʃɛhija]
Estland (het)	Эстонія	[ɛs'tɔnija]
Bosnië en Herzegovina (het)	Боснія і Герцагавіна	['bɔsʲnija i ɣɛrtsaɣa'wina]
Macedonië (het)	Македонія	[makɛ'dɔnija]
Slovenië (het)	Славенія	[sla'wɛnija]
Montenegro (het)	Чарнагорыя	[tʃarna'ɣɔrija]

149. Voormalige USSR landen

Azerbeidzjan (het)	Азербайджан	[azɛrbaj'dʒan]
Armenië (het)	Арменія	[ar'mɛnija]
Wit-Rusland (het)	Беларусь	[bɛla'rusʲ]
Georgië (het)	Грузія	['ɣruzija]
Kazakstan (het)	Казахстан	[kazahs'tan]
Kirgizië (het)	Кыргызстан	[kırɣıs'tan]
Moldavië (het)	Малдова	[mal'dɔva]
Rusland (het)	Расія	[ra'sija]
Oekraïne (het)	Украіна	[ukra'ina]
Tadzjikistan (het)	Таджыкістан	[tadʒıkis'tan]
Turkmenistan (het)	Туркменістан	[turkmɛnis'tan]
Oezbekistan (het)	Узбекістан	[uzʲbɛkis'tan]

150. Azië

Azië (het)	Азія	['azija]
Vietnam (het)	В'етнам	[vʰɛt'nam]
India (het)	Індыя	['indıja]
Israël (het)	Ізраіль	[iz'raiʎ]
China (het)	Кітай	[ki'taj]
Libanon (het)	Ліван	[li'van]
Mongolië (het)	Манголія	[ma'ŋɔlija]
Maleisië (het)	Малайзія	[ma'lajzija]
Pakistan (het)	Пакістан	[pakis'tan]
Saoedi-Arabië (het)	Саудаўская Аравія	[sa'udauskaja a'rawija]
Thailand (het)	Тайланд	[taj'lant]
Taiwan (het)	Тайвань	[taj'vaɲ]
Turkije (het)	Турцыя	['turtsija]
Japan (het)	Японія	[ja'pɔnija]
Afghanistan (het)	Афганістан	[afɣanis'tan]
Bangladesh (het)	Бангладэш	[baŋla'dɛʃ]

| Indonesië (het) | Інданезія | [inda'nɛzija] |
| Jordanië (het) | Іарданія | [iar'danija] |

Irak (het)	Ірак	[i'rak]
Iran (het)	Іран	[i'ran]
Cambodja (het)	Камбоджа	[kam'bɔdʒa]
Koeweit (het)	Кувейт	[ku'wɛjt]

Laos (het)	Лаос	[la'ɔs]
Myanmar (het)	М'янма	['mʰjanma]
Nepal (het)	Непал	[nɛ'pal]
Verenigde Arabische Emiraten	Аб'яднаныя Арабскія Эміраты	[abʰjad'nanıja a'rapskija ɛmi'ratı]

| Syrië (het) | Сірыя | ['sirıja] |
| Palestijnse autonomie (de) | Палесцінская аўтаномія | [palɛsiˈtsinskaja auta'nɔmija] |

| Zuid-Korea (het) | Паўднёвая Карэя | [paud'nɔvaja ka'rɛja] |
| Noord-Korea (het) | Паўночная Карэя | [pau'nɔtʃnaja ka'rɛja] |

151. Noord-Amerika

Verenigde Staten van Amerika	Злучаныя Штаты Амерыкі	['zlutʃanıja 'ʃtatı amɛrıki]
Canada (het)	Канада	[ka'nada]
Mexico (het)	Мексіка	['mɛksika]

152. Midden- en Zuid-Amerika

Argentinië (het)	Аргенціна	[arɣɛn'tsina]
Brazilië (het)	Бразілія	[bra'zilija]
Colombia (het)	Калумбія	[ka'lumbija]

| Cuba (het) | Куба | ['kuba] |
| Chili (het) | Чылі | ['tʃıli] |

| Bolivia (het) | Балівія | [ba'liwija] |
| Venezuela (het) | Венесуэла | [wɛnɛsu'ɛla] |

| Paraguay (het) | Парагвай | [paraɣ'vaj] |
| Peru (het) | Перу | [pɛ'ru] |

Suriname (het)	Сурынам	[surı'nam]
Uruguay (het)	Уругвай	[uruɣ'vaj]
Ecuador (het)	Эквадор	[ɛkva'dɔr]

| Bahama's (mv.) | Багамскія астравы | [ba'ɣamskija astra'vı] |
| Haïti (het) | Гаіці | [ɣa'itsi] |

Dominicaanse Republiek (de)	Дамініканская Рэспубліка	[damini'kanskaja rɛs'publika]
Panama (het)	Панама	[pa'nama]
Jamaica (het)	Ямайка	[ja'majka]

153. Afrika

Egypte (het)	Егіпет	[ɛ'ɣipɛt]
Marokko (het)	Марока	[ma'rɔka]
Tunesië (het)	Туніс	[tu'nis]
Ghana (het)	Гана	['ɣana]
Zanzibar (het)	Занзібар	[zanzi'bar]
Kenia (het)	Кенія	['kɛnija]
Libië (het)	Лівія	['liwija]
Madagaskar (het)	Мадагаскар	[madaɣas'kar]
Namibië (het)	Намібія	[na'mibija]
Senegal (het)	Сенегал	[sɛnɛ'ɣal]
Tanzania (het)	Танзанія	[tan'zanija]
Zuid-Afrika (het)	Паўднёва-Афрыканская Рэспубліка	[paud'nəva afrı'kanskaja rɛs'publika]

154. Australië. Oceanië

Australië (het)	Аўстралія	[aust'ralija]
Nieuw-Zeeland (het)	Новая Зеландыя	['nɔvaja zɛ'landıja]
Tasmanië (het)	Тасманія	[tas'manija]
Frans-Polynesië	Французская Палінезія	[fran'tsuskaja pali'nɛzija]

155. Steden

Amsterdam	Амстэрдам	[amstɛr'dam]
Ankara	Анкара	[aŋka'ra]
Athene	Афіны	[a'finı]
Bagdad	Багдад	[baɣ'dat]
Bangkok	Бангкок	[banh'kɔk]
Barcelona	Барселона	[barsɛ'lɔna]
Beiroet	Бейрут	[bɛj'rut]
Berlijn	Берлін	[bɛr'lin]
Boedapest	Будапешт	[buda'pɛʃt]
Boekarest	Бухарэст	[buha'rɛst]
Bombay, Mumbai	Бамбей	[bam'bɛj]
Bonn	Бон	[bɔn]
Bordeaux	Бардо	[bar'dɔ]
Bratislava	Браціслава	[bratsis'lava]
Brussel	Брусель	[bru'sɛʎ]
Caïro	Каір	[ka'ir]
Calcutta	Калькута	[kaʎ'kuta]
Chicago	Чыкага	[tʃı'kaɣa]
Dar Es Salaam	Дар-эс-Салам	[darɛssa'lam]
Delhi	Дэлі	['dɛli]

Den Haag	Гаага	[ɣaˈaɣa]
Dubai	Дубай	[duˈbaj]
Dublin	Дублін	[ˈdublin]
Düsseldorf	Дзюсельдорф	[dzysɛʎˈdɔrf]
Florence	Фларэнцыя	[flaˈrɛntsɪja]

Frankfort	Франкфурт	[ˈfraŋkfurt]
Genève	Жэнева	[ʒɛˈnɛva]
Hamburg	Гамбург	[ˈɣamburh]
Hanoi	Ханой	[haˈnɔj]
Havana	Гавана	[ɣaˈvana]

Helsinki	Хельсінкі	[ˈhɛʎsiŋki]
Hiroshima	Хірасіма	[hiraˈsima]
Hongkong	Ганконг	[ɣaˈŋkɔnh]
Istanbul	Стамбул	[stamˈbul]
Jeruzalem	Іерусалім	[iɛrusaˈlim]
Kiev	Кіеў	[ˈkiɛu]

Kopenhagen	Капенгаген	[kapɛˈŋaɣɛn]
Kuala Lumpur	Куала-Лумпур	[kuˈala lumˈpur]
Lissabon	Лісабон	[lisaˈbɔn]
Londen	Лондан	[ˈlɔndan]
Los Angeles	Лос-Анжэлес	[lɔˈsanʒɛlɛs]

Lyon	Ліён	[liɜn]
Madrid	Мадрыд	[madˈrɪt]
Marseille	Марсэль	[marˈsɛʎ]
Mexico-Stad	Мехіка	[ˈmɛhika]
Miami	Маямі	[maˈjami]

Montreal	Манрэаль	[manrɛˈaʎ]
Moskou	Масква	[maskˈva]
München	Мюнхен	[ˈmynhɛn]
Nairobi	Найробі	[najˈrɔbi]
Napels	Неапаль	[nɛˈapaʎ]

New York	Нью-Йорк	[ɲjyɜrk]
Nice	Ніца	[ˈnitsa]
Oslo	Осла	[ˈɔsla]
Ottawa	Атава	[aˈtava]
Parijs	Парыж	[paˈrɪʃ]

Peking	Пекін	[pɛˈkin]
Praag	Прага	[ˈpraɣa]
Rio de Janeiro	Рыо-дэ-Жанейра	[ˈrɪɔ dɛ ʒaˈnɛjra]
Rome	Рым	[rɪm]
Seoel	Сеул	[sɛˈul]
Singapore	Сінгапур	[siŋaˈpur]

Sint-Petersburg	Санкт-Пецярбург	[ˈsaŋkt pɛtsʲarˈburh]
Sjanghai	Шанхай	[ʃanˈhaj]
Stockholm	Стакгольм	[staɣˈɣɔʎm]
Sydney	Сіднэй	[sidˈnɛj]
Taipei	Тайбэй	[tajˈbɛj]
Tokio	Токіо	[ˈtɔkiɔ]

Toronto	Таронта	[ta'rɔnta]
Venetië	Венецыя	[wɛ'nɛtsɪja]
Warschau	Варшава	[var'ʃava]
Washington	Вашынгтон	[vaʃınh'tɔn]
Wenen	Вена	['wɛna]

www.ingramcontent.com/pod-product-compliance
Lightning Source LLC
Chambersburg PA
CBHW070559050426
42450CB00011B/2910